J. D. Salinger

Neun Erzählungen

Rowohlt

Die Originalausgabe erschien bei Little, Brown and Company, Inc.,
New York, unter dem Titel «Nine Stories»
Die Erzählungen «A Perfect Day for Bananafish»,
«Uncle Wiggily in Connecticut», «Down at the Dinghy»,
«For Esmé – with Love and Squalor»,
«Pretty Mouth an Green my Eyes» und «Teddy»
wurden von Elisabeth Schnack aus dem Amerikanischen übertragen,
die Erzählungen «Just Before the War with the Eskimos»,
«The Laughing Man» und «Daumier-Smith's Blue Period»
wurden von Annemarie und Heinrich Böll übertragen
Umschlagentwurf Werner Rebhuhn

194.–198. Tausend Mai 1987

Veröffentlicht im Rowohlt Taschenbuch Verlag GmbH,
Reinbek bei Hamburg, August 1968
Copyright © 1966 by Verlag Kiepenheuer und Witsch, Köln
«Nine Stories» Copyright by J. D. Salinger 1948, 1949, 1950,
1951, 1953
Gesamtherstellung Clausen & Bosse, Leck
Printed in Germany
580-ISBN 3 499 11069 5

J. D. Salinger · Neun Erzählungen

Inhalt

Ein herrlicher Tag für Bananen-Fisch

Im Hotel wohnten siebenundneunzig Werbefachleute aus New York, und weil sie die Fernruflinien dauernd mit Beschlag belegt hatten, mußte die junge Frau in Zimmer 507 von zwölf Uhr mittags bis fast um halb drei warten, ehe sie ihre Verbindung bekam. Sie nutzte die Zeit jedoch aus. Sie las einen Aufsatz in einer Frauenzeitschrift von Taschenformat, betitelt: «*Sex ist Spaß – oder die Hölle*». Sie wusch ihren Kamm und ihre Bürste. Sie entfernte den Fleck aus dem Rock ihres sandfarbenen Kostüms. Sie versetzte den Knopf an ihrer Saks-Bluse. Sie zupfte zwei Härchen aus, die gerade auf ihrem Leberfleck sprießen wollten. Als das Telefonfräulein schließlich in ihr Zimmer hinaufläutete, saß sie in der Fensternische und war beinahe fertig, auf die Nägel ihrer linken Hand Lack aufzutragen.

Sie gehörte zu jenen weiblichen Wesen, die wegen eines läutenden Telefons einfach *nichts* aus der Hand legen. Sie machte ein Gesicht, als ob das Telefon seit ihrem Eintritt ins Entwicklungsalter ununterbrochen geläutet hätte.

Während es also läutete, strich sie mit dem Pinselchen über den Nagel ihres kleinen Fingers und betonte die Linie des Nagelmonds. Dann schraubte sie den Deckel auf die Flasche mit dem Nagellack, stand auf und fuhr mit ihrer linken – der nassen – Hand ein paarmal durch die Luft. Mit der trockenen Hand hob sie einen übervollen Aschenbecher vom Fensterbrett auf und trug ihn zum Nachttisch, auf dem das Telefon stand. Sie setzte sich auf das eine der beiden Betten und nahm – es war das fünfte oder sechste Klingelzeichen – den Hörer ab. «Hallo», sagte sie und hielt die Finger ihrer linken Hand gespreizt und weit fort von dem weißseidenen Morgenrock, der alles darstellte, womit sie bekleidet war, abgesehen von den Pantöffelchen; die Ringe lagen im Badezimmer.

«Ich habe jetzt Ihre New Yorker Nummer, Mrs. Glass», sagte das Telefonfräulein.

«Danke», sagte die junge Frau und schaffte auf dem Nachttisch Platz für den Aschenbecher.

Eine Frauenstimme kam durch. «Muriel, bist du's?»

Die Frau hielt den Hörer ein wenig weiter weg. «Ja, Mutter. Wie geht's dir?» fragte sie.

«Ich hab Todesängste um dich ausgestanden. Warum hast du nicht angerufen? Geht's dir gut?»

«Ich habe gestern abend und den Abend davor dauernd versucht, dich zu erreichen. Das Telefon hier ist . . .»

«Geht's dir gut, Muriel?»

Die junge Frau vergrößerte die Entfernung zwischen dem Hörer und ihrem Ohr. «Es geht mir gut. Mir ist heiß. Es ist der heißeste Tag, den sie in Florida seit . . .»

«Warum hast du mich nicht angerufen? Ich hab Todes . . .»

«Mutter, Liebste, schrei mich nicht so an! Ich kann dich ausgezeichnet verstehen», erwiderte die junge Frau. «Ich hatte dich gestern abend zweimal angerufen. Einmal gleich nach dem . . .»

«Ich hab's gestern abend zu deinem Vater gesagt, daß du wahrscheinlich anrufen würdest. Aber nein, er mußte ja zu . . . Geht's dir wirklich gut, Muriel? Sag mir die Wahrheit!»

«Mir geht es sehr gut! Frag mich jetzt bitte nicht mehr danach!»

«Wann seid ihr angekommen?»

«Ich weiß nicht. Mittwoch morgens. Früh.»

«Wer fuhr?»

«Er», sagte die junge Frau. «Und reg dich nicht auf! Er fuhr sehr gut. Ich war ganz erstaunt.»

«*Er* fuhr? Muriel, du hattest mir dein Ehrenwo . . .»

«Mutter», unterbrach sie die junge Frau, «ich sagte es dir gerade. Er fuhr *sehr* gut. Unter fünfzig die ganze Strecke, wenn du's wissen willst.»

«Wollte er wieder so seltsame Geschichten mit den Bäumen machen?»

«Ich *sagte* dir, Mutter, daß er sehr gut fuhr. Glaube es bitte! Ich bat ihn, sich immer an den weißen Strich zu halten und so weiter, und er wußte, was ich meinte, und er tat's auch. Er versuchte sogar, nicht zu den Bäumen hinzuschauen – das merkte man. Hat Daddy übrigens den Wagen ausbessern lassen?»

«Noch nicht. Sie verlangen 400 Dollar, bloß für die . . .»

«Mutter, Seymour hat Daddy *gesagt*, daß er alles bezahlt! Es ist doch kein Grund, daß ihr . . .»

«Wir wollen sehn. Wie hat er sich sonst benommen – im Wagen und so?»

«Sehr gut», sagte die junge Frau.

«Ruft er dich eigentlich immer noch mit dem gräßlichen . . .»

«Nein. Jetzt hat er was Neues.»

«Was?»

«Ach, darauf kommt's doch nicht an, Mutter!»

«Muriel, ich will es wissen! Dein Vater . . .»

«Meinetwegen, meinetwegen. Er nennt mich Miss Intellektuelle Vagabundin vom Jahr 1948!» sagte die junge Frau und kicherte.

«Es ist doch nicht komisch, Muriel! Es ist ganz und gar nicht komisch. Es ist sogar *traurig!* Wenn ich denke, wie . . .»

«Mutter», unterbrach die junge Frau, «paß bitte gut auf: Erinnerst du dich noch an das Buch, das er mir aus Deutschland geschickt hat? Du weißt doch – mit den deutschen Gedichten! Was hab ich nur damit gemacht? Ich hab mir schon den Kopf zer . . .»

«Es ist da!»

«Bestimmt?» fragte die junge Frau.

«Ganz bestimmt. Ich weiß, wo es ist. Es liegt in Freddys Zimmer. Du hast es hiergelassen, und ich hatte keinen Platz im . . . Will er's haben?»

«Nein. Er hat mich nur danach gefragt, während wir hierherfuhren. Er wollte wissen, ob ich es gelesen hätte.»

«Es ist ja in deutscher Sprache!»

«Ja, Liebste. Das ist ganz gleich», entgegnete die junge Frau und schlug die Beine übereinander.

«Er sagt, die Gedichte stammen von *dem einzigen großen Dichter unseres Jahrhunderts.* Er sagt, ich hätte mir eine Übersetzung oder so etwas kaufen sollen. Oder *die Sprache lernen können*, bitte schön!»

«Furchtbar! Furchtbar! Es ist *traurig*, wirklich traurig. Dein Vater sagte gestern abend . . .»

«Eine Sekunde, Mutter», sagte die junge Frau. Sie ging zum Fenster, holte sich ihre Zigaretten und zündete eine an. Dann kehrte sie zu ihrem Platz auf der Bettkante zurück. «Ja, Mutter?» fragte sie und stieß den Rauch aus.

«Muriel, hör jetzt mal zu!»

«Ich höre ja!»

«Dein Vater hat mit Doktor Sivetski gesprochen!»

«Oh?» sagte die junge Frau.

«Er hat ihm alles erzählt. Wenigstens behauptet er, daß er's getan hat. Du kennst ja Vater. Von den Bäumen. Von der Sache mit dem Fenster. Die gräßlichen Sachen, die er zu Omi sagte – wegen ihrer Vorbereitungen im Falle ihres Todes. Und was er mit all den hübschen Bildern aus Bermuda gemacht hat – alles!»

«So?» sagte die junge Frau.

«Ja. Zu allererst sagte er, es sei ein richtiges *Verbrechen*, daß sie ihn schon aus dem Militärhospital entlassen haben. Ehrenwort! Er erklärte deinem Vater *sehr* bestimmt, die Möglichkeit bestünde, es sei *sehr* wahrscheinlich, daß Seymour *gänzlich* den Verstand verliert. Ehrenwort!»

«Im Hotel ist ein Psychiater.»

«*Wer?* Wie heißt er?»

«Ich weiß nicht. Rieser oder so ähnlich. Er soll gut sein.»

«Hab noch nie von ihm gehört.»

«Trotzdem soll er ausgezeichnet sein.»

«Muriel, bitte nicht *den* Ton! Wir machen uns die größten Sorgen um dich. Dein Vater wollte dir übrigens gestern abend ein Telegramm schicken, du solltest sofort nach Hause kommen!»

«Ich komme nicht sofort nach Hause, Mutter. Beruhige dich lieber!»

«Muriel. Mein Ehrenwort! Doktor Sivetski hat gesagt, Seymour könnte gänzlich . . .»

«Ich bin *eben* erst angekommen, Mutter. Es sind die ersten Ferien, die ich seit Jahren hatte, und ich denke nicht daran, alles wieder einzupacken und nach Hause zu fahren!» rief die junge Frau. «Und jetzt könnte ich ohnehin nicht reisen. Ich habe solchen Sonnenbrand, daß ich mich kaum rühren kann.»

«Du hast Sonnenbrand? Hast du denn nicht die Dose *Bronze* benutzt, die ich dir in die Reisetasche gesteckt habe? Ich habe sie gleich . . .»

«Ich hab sie benutzt. Ich bin trotzdem verbrannt.»

«Ist ja schrecklich! Wo bist du verbrannt?»

«Einfach überall, Mutter. Einfach überall.»

«Ist ja schrecklich!»

«Ich werd's schon überstehen.»

«Sag mal, hast du mit dem Psychiater gesprochen?»

«Hm, ein bißchen», erwiderte die junge Frau.

«Was hat er gesagt? Wo war Seymour, während du mit ihm gesprochen hast?»

«Seymour war im Ozean-Saal und hat Klavier gespielt. Er hat an beiden Abenden, die wir hier sind, Klavier gespielt.»

«Und was hat der Psychiater gesagt?»

«Ach, nicht viel. Er sprach mich zuerst an. Gestern abend beim Bingo hatte ich neben ihm gesessen, und nun fragte er mich, ob das nicht mein Mann sei, der nebenan Klavier spiele. Ich sagte ja, und er fragte mich, ob Seymour krank gewesen sei, oder was sonst. Da sagte ich . . .»

«Warum hat er das gefragt?»

«Kann *ich* doch nicht wissen, Mutter. Vielleicht, weil er so bleich ist und all das», erwiderte die junge Frau. «Jedenfalls fragten er und seine Frau mich nach dem Bingo, ob ich ihnen bei einem Drink Gesellschaft leisten wolle. Hab's also getan. Seine Frau war greulich. Erinnerst du dich noch an das scheußliche Abendkleid, das wir bei Bonwit im Fenster sahen? Du sagtest noch, das müßte eine zierliche, schlanke . . .»

«Das grüne?»

«Sie hatte es an. Und was für Hüften! Sie fragte mich dauernd, ob Seymour mit Suzanne Glass verwandt sei, die das Geschäft in der Madison Avenue hat – das Hutgeschäft.»

«Ja, aber was hat *er* gesagt? Der Doktor?»

«Ach – eigentlich nicht viel. Wir saßen doch in der Bar. Es war schrecklich laut.»

«Ja, aber hast du – hast du ihm erzählt, was er mit Omis Sessel machen wollte?»

«*Nein,* Mutter. Auf Einzelheiten bin ich nicht weiter eingegangen. Es wird sich schon noch mal Gelegenheit bieten, mit ihm zu sprechen. Er ist den ganzen Tag in der Bar.»

«Hat er gesagt, es bestünde eine Möglichkeit, daß Seymour – du weißt ja – wunderlich wird? Dir was antut oder so?»

«Nicht gerade», erwiderte die junge Frau. «Er müßte mehr Tatsachen haben, Mutter. Sie müssen alles über die Kindheit wissen, verstehst du? Und ich sagte dir ja, wir konnten kaum sprechen, weil es so laut war.»

«Und wie findest du deinen blauen Mantel?»

«Gut. Ich hab mir etwas von der Einlage entfernen lassen.»

«Wie sind denn die Kleider dies Jahr?»

«Verrückt. Aber hinreißend! Sogar Flitter sieht man – einfach alles!» erzählte die junge Frau.

«Wie ist euer Zimmer?»

«Ganz nett. So gerade eben. Wir konnten das Zimmer nicht bekommen, das wir immer vor dem Krieg gehabt hatten. Die Leute sind dies Jahr greulich. Du solltest bloß mal sehen, wer im Eßzimmer neben uns sitzt. Am Tisch nebenan. Sie sehen aus, als ob sie auf einem Lastwagen hergekommen wären.»

«Ach, so ist es jetzt überall. Wie ist dein Ballkleid?»

«Es ist zu lang. Hab ich dir ja gleich gesagt, daß es zu lang ist.»

«Muriel, ich möchte dich nur noch das eine Mal fragen: Geht's dir wirklich gut?»

«Ja, Mutter», sagte die junge Frau. «Zum neunzehntenmal: ja!»

«Und du willst nicht nach Hause kommen?»

«*Nein,* Mutter!»

«Dein Vater meinte gestern abend, er hätte die größte Lust, dir alles zu bezahlen, wenn du ganz allein irgendwohin fahren würdest, um dir's noch mal zu überlegen. Du könntest eine schöne Seereise machen. Wir fanden . . .»

«Nein, danke», sagte die junge Frau und hatte die Beine nicht mehr übereinandergeschlagen. «Mutter, der Anruf kostet ein Vermö . . .»

«Wenn ich denke, wie du den ganzen Krieg über auf den jungen Mann gewartet hast . . . ich meine, wenn man an all die verrückten kleinen Frauchen denkt . . .»

«Mutter, wir wollen lieber aufhören. Seymour kann jeden Augenblick ins Zimmer treten.»

«Wo ist er?»

«Am Strand.»

«Am Strand? Allein? Benimmt er sich denn am Strand einigermaßen normal?»

«Mutter», sagte die junge Frau, «du sprichst von ihm, als ob er komplett verrückt wäre!»

«Das habe ich bestimmt nicht getan, Muriel!»

«Na, jedenfalls hat sich's so angehört. Er tut doch weiter gar nichts, als daß er im Sand liegt. Er zieht den Bademantel nicht aus.»

«Er zieht den Bademantel nicht aus? Warum nicht?»

«Weiß *ich* doch nicht! Vielleicht, weil er so bleich ist.»

«Aber meine Güte, er muß sich sonnen! Kannst du ihn nicht dazu überreden?»

«Du kennst ja Seymour», erwiderte die junge Frau und schlug die Beine wieder übereinander. «Er sagt, er möchte nicht, daß ein Haufen Dummköpfe seine Tätowierungen betrachtet.»

«Er hat ja gar keine Tätowierungen! Hat er beim Militär eine bekommen?»

«Nein, Mutter. Nein, Liebste», sagte die junge Frau und erhob sich. «Weißt du was? Ich ruf dich vielleicht morgen wieder an, ja?»

«Warte Muriel! Hör mal zu!»

«Ja, Mutter», sagte die Frau und verlagerte ihr Gewicht auf das andere Bein.

«Ruf mich in der gleichen Sekunde an, wo er irgendwas Merkwürdiges sagt oder tut – du weißt schon, was ich meine. Hast du gehört?»

«Mutter, ich fürchte mich nicht vor Seymour.»

«Muriel, du mußt es mir versprechen!»

«Gut, ich versprech es dir! Leb wohl, Mutter», sagte die junge Frau. «Und grüß Daddy!» Sie legte den Hörer auf.

«Sieh-mehr-Glas»*, sagte Sybil Carpenter, die mit ihrer Mutter im Hotel wohnte. «Hast du Sieh-mehr-Glas gesehn?»

«Kätzchen, hör auf damit! Du machst Mommy ganz verrückt, wenn du das dauernd sagst! Halt bitte still!» Mrs. Carpenter rieb Sybils Schultern mit Sonnenbrandöl ein und verteilte es über die zarten, flügelartigen Schulterblätter. Sybil thronte unsicher auf einem riesigen, etwas eingeschrumpften Strandball und blickte aufs Meer. Sie trug einen kanariengelben zweiteiligen Badeanzug, von dem sie jedoch das Oberteil während der nächsten neun oder zehn Jahre noch nicht brauchte.

«Es war eigentlich nur ein gewöhnliches seidenes Taschentuch – man sah's, wenn man näher herantrat», sagte die Frau im Strandstuhl neben Mrs. Carpenter. «Ich wüßte zu gern, wie sie es gebunden hat. Es war wirklich reizend.»

«Es klingt reizend», nickte Mrs. Carpenter. «Sybil, halt *still*, Kätzchen!»

«Hast du Sieh-mehr-Glas gesehen?» fragte Sybil.

Mrs. Carpenter seufzte. «Also gut», sagte sie. Sie schraubte den Deckel auf die Flasche mit dem Sonnenöl. «So, nun lauf und spiel schön, Kätzchen! Mommy geht ins Hotel und trinkt einen Martini mit Mrs. Hubbel. Ich bring dir die Olive mit.»

Als Sybil freigelassen war, rannte sie sofort zum flachen Teil der Bucht und begann die Richtung zum Fischer-Pavillon einzuschlagen. Sie blieb nur einmal stehen, um ihren Fuß in eine aufgeweichte, zerbröckelnde Sandburg zu versenken, und bald hatte sie den Abschnitt, der für die Hotelgäste reserviert war, hinter sich gelassen.

Sie wanderte etwa eine Viertelmeile weiter und lief plötzlich schräg den weichen Strand hinan. Sie stand still, sowie sie die Stelle erreicht hatte, wo ein junger Mann auf dem Rücken lag.

«Gehst du ins Wasser, Sieh-mehr-Glas!» fragte sie.

Der junge Mann schreckte zusammen, und seine rechte Hand fuhr an die Aufschläge seines Velours-Bademantels. Er wälzte sich auf den Bauch herum, wobei ein zu einer Wurst zusammengerolltes Handtuch ihm von den Augen rutschte, und blinzelte zu Sybil auf.

«Heh! Hallo, Sybil!»

«Gehst du ins Wasser?»

---

* Übersetzung von «see more glass», wie man den Namen des jungen Mannes Seymour Glass verdrehen könnte, da die Aussprache die gleiche ist.

«Ich habe auf dich gewartet», sagte der junge Mann. «Was gibt's Neues?»

«Was?» sagte Sybil.

«Was es Neues gibt! Was steht auf dem Programm?»

«Mein Daddy kommt morgen mit 'n Flugzeuch», sagte Sybil und spritzte mit dem Fuß Sand umher.

«Nicht in mein Gesicht, Baby», sagte der junge Mann und legte die Hand um Sybils Knöchel. «Ja, es wird allmählich Zeit, daß dein Daddy kommt. Ich erwarte ihn stündlich. Jawohl, stündlich!»

«Wo ist die Dame?» fragte Sybil.

«Die Dame?» Der junge Mann klopfte sich etwas Sand aus seinem feinen Haar. «Das ist schwer zu sagen, Sybil. Sie kann an tausenderlei Orten sein. Vielleicht beim Friseur. Läßt sich das Haar vielleicht wie Nerz färben. Oder sie ist in ihrem Zimmer und macht Puppen für arme Kinder.» Er lag jetzt flach hingestreckt, ballte die Fäuste, setzte eine auf die andere und legte sein Kinn auf die oberste. «Frag mich was anderes, Sybil!» sagte er. «Da hast du aber einen schönen Badeanzug. Ich kann mir gar nichts Hübscheres denken als einen blauen Badeanzug.»

Sybil starrte ihn an, dann blickte sie auf ihr vorstehendes Bäuchlein. «Es ist ein *gelber*», sagte sie. «Es ist ein *gelber*!»

«Wirklich? Komm mal ein bißchen näher!»

Sybil trat einen Schritt näher.

«Natürlich, du hast vollkommen recht! Wie dumm von mir.»

«Gehst du ins Wasser?» fragte Sybil.

«Ich habe es ernstlich in Erwägung gezogen, Sybil. Ich habe reiflich darüber nachgedacht – was du gewiß gerne hörst!»

Sybil stieß gegen das Gummifloß, das der junge Mann manchmal als Kopfpolster benutzte. «Es braucht mehr *Luft*», sagte sie.

«Du hast recht», erwiderte er. «Es braucht mehr Luft, als ich zugeben möchte.» Er zog die Fäuste fort und ließ sein Kinn auf dem Sand. «Sybil», sagte er, «du siehst gut aus! Es macht Spaß, dich anzuschauen. Erzähl mir was von dir selber!» Er streckte die Hände aus und hielt beide Knöchel Sybils. «Ich bin Steinbock», sagte er.

«Was bist du?»

«Sharon Lipschutz hat gesagt, du hast ihr erlaubt, neben dir auf der Klavierbank zu sitzen!» sagte Sybil.

«Hat Sharon Lipschutz das gesagt?»

Sie nickte kräftig.

Er ließ die Knöchel los, zog die Hände ein und legte sein Gesicht mit der Seite auf den rechten Unterarm. «Ach», sagte er, «du weißt doch, Sybil, wie so was passiert! Ich saß da und spielte. Und du warst nirgends zu sehen. Und Sharon Lipschutz kam zu mir und setzte sich neben mich. Ich konnte sie doch nicht gut wegschubsen, nicht wahr?»

«Doch!»

«O nein! Nein! Das konnte ich nicht tun!» sagte der junge Mann. «Aber ich will dir verraten, was ich getan habe.»

«Was?»

«Ich hab mir eingebildet, daß du es wärst!»

Sofort bückte sich Sybil und begann im Sand zu graben.

«Komm, wolln ins Wasser gehn!» sagte sie.

«Gut», sagte der junge Mann. «Ich glaube, daß es sich machen läßt.»

«Nächstes Mal schubst du sie runter!» sagte Sybil.

«Wen soll ich runterschubsen?»

«Sharon Lipschutz!»

«Aha, Sharon Lipschutz!» sagte der junge Mann. «Wie der Name immer wieder auftaucht. Erinnerung und Sehnsucht weckt . . .» Plötzlich sprang er auf die Füße. Er blickte aufs Meer hinaus. «Sybil», rief er, «ich sag dir, was wir tun wollen. Wir wollen versuchen, ob wir einen Bananen-Fisch fangen können.»

«Was für'n Fisch?»

«Einen Bananen-Fisch», sagte er und öffnete den Gürtel seines Bademantels. Seine Schultern waren weiß und schmal, und seine Badehose war königsblau. Er faltete den Bademantel zusammen, zuerst längs und dann dreimal quer. Er wickelte das Handtuch auf, das er vorher für seine Augen gebraucht hatte, breitete es auf dem Sand aus und legte dann den zusammengefalteten Bademantel oben darauf. Er bückte sich, hob das Floß auf und steckte es unter den rechten Arm. Dann, mit der Linken, nahm er Sybil bei der Hand.

Die beiden begannen zum Meer hinunterzuwandern.

«Du hast in deinem Leben sicher schon eine ganze Menge Bananen-Fische gesehen?» fragte der junge Mann.

Sybil schüttelte den Kopf.

«Nein, nicht? Wo wohnst du denn überhaupt?»

«Ich weiß nicht», antwortete Sybil.

«Natürlich weißt du's. Das mußt du doch wissen. Sharon Lipschutz weiß auch, wo sie wohnt, und dabei ist sie erst dreieinhalb!»

Sybil blieb stehen und entriß ihm ihre Hand. Sie hob eine gewöhnliche Strandmuschel auf und betrachtete sie mit dem größten Interesse. Sie warf sie fort. «Whirly Wood, Connecticut», sagte sie und ging wieder weiter, das Bäuchlein vorgestreckt.

«Whirly Wood, Connecticut», wiederholte der junge Mann. «Liegt das vielleicht zufällig in der Nähe von Whirly Wood, Connecticut?»

Sybil blickte zu ihm auf. «Aber da wohn ich ja», rief sie ungeduldig. «Ich wohne in Whirly Wood, Connecticut.» Sie lief ein paar Schritte voraus, nahm dann ihren linken Fuß in die linke Hand und hüpfte zwei-, dreimal herum.

«Du kannst dir nicht vorstellen, wie klar dadurch alles wird», sagte der junge Mann.

Sybil ließ ihren Fuß los. «Hast du ‹Der Kleine Schwarze Sambo› gelesen?» fragte sie.

«Sehr komisch, daß du mich danach fragst», sagte er. «Zufällig hab ich's gestern abend fertiggelesen.» Er bückte sich und haschte wieder nach Sybils Hand. «Wie findest du es?» fragte sie.

«Sind die Tiger immer rund um den Baum gerannt?»

«Ich dachte, es würde gar nicht aufhören. Hab noch nie soviel Tiger gesehen!»

«Es waren bloß sechs», sagte Sybil.

«*Bloß* sechs!» rief der junge Mann. «Nennst du das *bloß*?»

«Ißt du gern Wachs?»

«Ob ich was gern esse?»

«Wachs.»

«Sehr! Du nicht?»

Sybil nickte. «Ißt du gern Oliven?» fragte sie.

«Oliven – ja! Oliven und Wachs. Ich könnt gar nicht ohne sie leben.»

«Hast du Sharon Lipschutz gern?» fragte Sybil.

«Ja. Doch, ja!» sagte der junge Mann. «Was ich ganz *besonders* an ihr mag: daß sie niemals gemein zu den kleinen Hunden in der Hotelhalle ist. Zum Beispiel zu dem kleinen Zwerg-Bulldog, der, glaub ich, der Dame aus Kanada gehört. Du wirst mir's vielleicht gar nicht glauben, doch es gibt kleine Mädchen, die den kleinen Hund mit einem Stock stoßen. Sharon aber nicht. Sie ist nie gemein oder unfreundlich. Deshalb hab ich sie so gern.» Sybil blieb stumm.

«Ich kaue gern Kerzen», sagte sie schließlich.

«Wer wohl nicht?» meinte der junge Mann und tauchte den Fuß ins Wasser. «Brrr! 's ist kalt!» Er warf das Gummifloß aufs Wasser. «Nein, warte noch ein bißchen Sybil! Warte, bis wir etwas weiter draußen sind.

» Sie wateten hinaus, bis das Wasser an Sybils Magen reichte. Da hob der junge Mann sie auf und legte sie bäuchlings auf das Floß.

«Trägst du nie eine Badekappe oder etwas Dergleichen?» frage er.

«Laß nicht los!» befahl Sybil. «Du mußt mich jetzt festhalten!»

«Aber Miss Carpenter, bitte sehr. Ich weiß doch, was ich zu tun habe», entgegnete der junge Mann. «Halte du nur die Augen offen und schau nach Bananen-Fisch aus! 's ist ein herrlicher Tag für Bananen-Fisch!»

Ich kann keinen sehen», sagte Sybil.

«Das ist begreiflich», sagte er. «Sie haben sehr merkwürdige Gewohnheiten. Äußerst merkwürdig!» Er schob das Floß ständig weiter. Das Wasser reichte ihm nicht ganz an die Brust. «Sie führen ein sehr trauriges Leben», sagte er. «Weißt du, was sie tun, Sybil?»

Sie schüttelte den Kopf.

«Sie schwimmen in ein Loch, in dem eine Menge Bananen sind. Sie sehen wie ganz gewöhnliche Fische aus, wenn sie hineinschwimmen. Aber wenn sie einmal drin sind, benehmen sie sich wie die Schweine. Ich hab mal einen Bananen-Fisch gekannt, der ist hineingeschwommen und hat tatsächlich 78 Bananen gefressen.» Er schob das Floß und seinen Fahrgast einen Fuß weiter an den Horizont vor. «Natürlich sind sie dann so dick, daß sie nicht wieder raus können aus dem Loch. Sie passen nicht mehr durch die Tür.»

«Nicht so weit hinaus!» sagte Sybil. «Was passiert dann mit ihnen?»

«Mit wem?»

«Mit den Bananen-Fischen?»

«Ach so – du meinst, nachdem sie so viel Bananen gefressen haben, daß sie nicht mehr raus können aus dem Bananenloch?»

«Ja», sagte Sybil.

«Ach – ich mag's dir gar nicht sagen, Sybil. Sie sterben nämlich.»

«Warum?» fragte Sybil.

«Oh, sie bekommen Bananenfieber. Das ist eine schreckliche Krankheit.»

«Da kommt eine *Welle*», rief Sybil ängstlich.

«Die beachten wir gar nicht», sagte der junge Mann. «Wir schneiden sie! Zwei Schneider!» Er nahm Sybils Knöchel in die Hand und drückte sie nach unten und voran. Das Floß stieg mit der Nase über den Kamm der Welle. Das Wasser netzte Sybils blondes Haar, aber sie quietschte vor Wonne. Als das Floß wieder gerade lag, wischte sie sich eine nasse Haarsträhne aus den Augen und verkündete: «Eben habe ich einen gesehen!»

«Was hast du gesehen, mein Schätzchen?»

«Einen Bananen-Fisch!»

«Meine Güte noch mal!» rief der junge Mann. «Hatte er viele Bananen im Mund?»

«Ja», sagte Sybil. «Sechs Stück.»

Der junge Mann hob plötzlich einen von Sybils nackten Füßen hoch, die über das Ende des Floßes baumelten, und küßte den Spann.

«Heh!» rief die Besitzerin des Fußes.

«Selber heh! Wir gehen jetzt an Land. War's genug?»

«Nein!»

«Tut mir leid!» sagte er und stieß das Floß dem Strand zu, bis Sybil herunterstieg. Das letzte Stück trug er es.

«Wiedersehn!» rief Sybil und rannte ohne Bedauern davon, dem Hotel entgegen.

Der junge Mann legte den Bademantel an, zog die Aufschläge fest zusammen und stopfte das Handtuch in die Tasche. Er hob das schlüpfrignasse, ungefüge Floß auf und klemmte es unter den Arm. Er pflügte allein durch den weichen, heißen Sand, zurück zum Hotel.

Im Zwischenstock, den zu benutzen die Hoteldirektion ihre Badegäste ersuchte, stieg eine Frau mit Zinksalbe auf der Nase gleichzeitig mit dem jungen Mann in den Fahrstuhl. «Wie ich sehe, starren Sie mir auf die Füße!» sagte er zu ihr, als sich der Fahrstuhl in Bewegung setzte.

«Wie bitte?» sagte die Frau.

«Ich sagte: Wie ich sehe, starren Sie mir auf die Füße.»

«Ent-*schuldigung*!» sagte die Frau und blickte auf die Fahrstuhltüren. «Ich habe zufällig auf den Fußboden geblickt!»

«Wenn Sie mir auf die Füße starren wollen, dann sagen Sie's frei heraus», sagte der junge Mann. «Aber lassen Sie die verdammte Heimlichtuerei!»

«Bitte, lassen Sie mich hier aussteigen», sagte die Frau rasch zu der Fahrstuhlführerin.

Die Türen öffneten sich, und die Frau stieg aus, ohne sich umzusehen.

«Ich habe zwei normale Füße, und ich sehe, verdammt noch mal, nicht den leisesten Grund, warum jemand draufstarren muß», sagte der junge Mann. «Fünften, bitte!»

Im fünften Stock stieg er aus, ging den Korridor entlang und betrat Zimmer 507. Es roch nach neuen Kalbslederkoffern und nach Nagellackentferner.

Er blickte auf die junge Frau, die schlafend auf dem einen der beiden Betten lag. Dann trat er an einen Koffer heran, öffnete ihn und zog unter einem Stoß kurzer Hosen und Unterhemden seine Ortgies, Kaliber 7,65, hervor. Er holte die Kammer heraus, sah sie an und schob sie wieder hinein. Er spannte den Hahn. Dann machte er die paar Schritte zum unbenutzten Bett hinüber und setzte sich; er blickte auf die junge Frau, zielte und schoß sich eine Kugel durch die rechte Schläfe.

Onkel Wackelpeter in Connecticut

Es war fast drei Uhr, als Mary Jane endlich Eloises Haus fand. Sie erklärte Eloise, die auf die Zufahrt hinausgekommen war, daß alles tadellos gegangen sei und sie sich haargenau an den Weg erinnert habe, bis sie vom Merrick Parkway abgebogen sei. Eloise sagte: «Merritt Parkway, Baby», und erinnerte Mary Jane daran, daß sie das Haus doch schon zweimal gefunden hätte, aber Mary Jane jammerte nur etwas Unverständliches von einer Packung Kleenex und stürzte zu ihrem Sportwagen zurück. Eloise stellte den Kragen ihres Kamelhaarmantels hoch, kehrte dem Wind den Rücken und wartete. Nach einer Minute war Mary Jane wieder da, benutzte ein Blatt Kleenex und sah immer noch verstört, ja sogar zerknirscht aus. Eloise meinte fröhlich, das ganze verdammte Mittagessen sei verbrannt. Kalbsbriesschen und alles, aber Mary Jane sagte, sie habe ohnehin schon gegessen, unterwegs. Während sie beide aufs Haus zugingen, fragte Eloise ihre Freundin, woher es käme, daß sie heute frei habe.

Mary Jane erwiderte, sie habe nicht den *ganzen* Tag frei; aber Mr. Weyenburg habe eine Hernie und sei zu Hause geblieben, in Larchmont, und sie müsse ihm seine Post hinausbringen und jeden Tag ein paar Briefe aufnehmen. Sie fragte Eloise: «Was ist das überhaupt, eine Hernie?»

Eloise warf ihren Zigarettenstummel in den schmutzigen Schnee und sagte, ganz genau wisse sie es eigentlich auch nicht, aber Mary Jane brauche sich bestimmt keine Sorgen zu machen, daß sie auch eine bekäme. Mary Jane sagte erleichtert: «Oh!», und die beiden Freundinnen gingen ins Haus.

Zwanzig Minuten später leerten sie im Wohnzimmer ihren ersten Whiskysoda und unterhielten sich auf eine Art, die früheren Internatsfreundinnen auf dem College eigentümlich, ja vielleicht nur ihnen vorbehalten ist. Es bestand sogar ein noch stärkeres Band zwischen ihnen: Keine von beiden hatte ihr Studium beendet. Eloise hatte das College 1942 mitten in ihrem zweiten Studienjahr verlassen, eine Woche nachdem sie im dritten Stock ihres Schlafsaalgebäudes mit einem Soldaten im geschlossenen Fahrstuhl ertappt worden war. Mary Jane war im gleichen Jahr und fast im gleichen Monat abgegangen, um einen Fliegerkadetten zu heiraten, der in Jacksonville in Florida stationiert war: einen mageren, für den Flugsport begeisterten Jungen aus Dill in Missisippi, der von den drei Monaten, die er mit ihr verheiratet war, zwei im Gefängnis gesessen hatte, weil er einen Militärpolizisten angegriffen und verwundet hatte. «Nein», sagte Eloise, «in Wirklichkeit war es rot!» Sie hatte sich auf der Couch ausgestreckt und ihre dünnen, aber sehr hübschen Beine an den Knöcheln übereinandergeschlagen.

«Ich habe gehört, daß es ursprünglich blond war», wiederholte Mary Jane. Sie saß auf einem blauen Stuhl. «Die Dingsrich schwor Stein und Bein, daß es blond war.»

«Ach – ganz bestimmt», gähnte Eloise. «Ich war beinahe im gleichen Zimmer mit ihr, als sie sich's färbte. Ist ja egal! Sind denn keine Zigaretten mehr da?»

«Macht nichts. Ich hab ein frisches Päckchen!» rief Mary Jane. «Irgendwo.» Sie wühlte in ihrer Handtasche.

«Das blöde Dienstmädchen!» sagte Eloise, ohne sich von der Couch zu rühren. «Vor einer Stunde habe ich vor ihrer Nase zwei volle, neue Kartons ausgepackt. Wahrscheinlich schneit sie jeden Augenblick herein und fragt, was sie damit machen soll. – Wo waren wir eigentlich, zum Teufel?»

«Bei der Thieringer», half Mary Jane und zündete sich eine von ihren eigenen Zigaretten an.

«Ach ja. Ich erinnere mich jetzt genau. Sie färbte es am Abend, bevor sie den Frank Henke heiratete. Erinnerst du dich noch an ihn?»

«Nur so unbestimmt. Ein gewöhnliches kleines Soldätchen. Furchtbar unansehnlich.»

«Unansehnlich? Du lieber Gott! Er sah wie ein ungewaschener Bela Lugosi aus!»

Mary Jane warf den Kopf in den Nacken und brüllte vor Lachen. «Glänzend!» rief sie und setzte sich wieder zum Trinken zurecht.

«Gib mal dein Glas!» sagte Eloise, schwenkte ihr bestrumpftes Bein auf den Fußboden und stand auf. «Wirklich – die blöde Ziege! Mit Ausnahme von 'ner Liebeserklärung von Lew hab ich einfach alles unternommen, damit sie überhaupt hier zu uns herauskam. Jetzt tut's mir leid, daß ich . . . Wo hast du denn das Ding her?»

«Das hier?» sagte Mary Jane und faßte nach der Kameenbrosche am Halsausschnitt. «Die hatt ich doch schon in der Schule, um Himmels willen. Hat meiner Mutter gehört.»

«Gott!» rief Eloise mit dem leeren Glas in der Hand.

«Ich hab auch rein gar nichts anzuziehen, keinen elenden Fetzen! Wenn Lews Mutter mal stirbt, dann wird sie mir wohl eine alte Eiszange mit Monogramm oder so was Ähnliches vererben.»

«Wie kommst du jetzt überhaupt mit ihr aus?»

«Frag nicht dumm, ja?» sagte Eloise, die in die Küche gehen wollte.

«Das ist aber bestimmt mein letzter!» rief Mary Jane ihr nach.

«Blödsinn, es ist dein letzter. Wer hat wen angerufen? Und wer kam zwei Stunden zu spät? Du hast hierzubleiben, bis du mir zum Hals heraushängst. Zum Teufel mit deiner lausigen Karriere!»

Mary Jane warf wieder den Kopf in den Nacken und brüllte vor Lachen, aber Eloise war schon in der Küche. Da Mary Jane so allein im Zimmer nur wenig oder gar keine Beschäftigung für sich sah, stand sie auf und ging zum Fenster hinüber. Sie zog den Vorhang beiseite und stützte ihr Handgelenk auf das Fensterkreuz zwischen den Scheiben, doch weil sie dort Schmutz spürte, nahm sie die Hand wieder fort, rieb sie mit der anderen Hand sauber und stellte sich etwas gerader hin. Draußen sah sie, wie der schmutzige Schneeschlamm langsam zu Eis erstarrte. Mary Jane ließ den Vorhang zufallen und schlenderte zu ihrem blauen Stuhl zurück, wobei sie an zwei vollgestopften Bücherschränken vorüberkam, ohne auch nur einen einzigen Titel zu lesen. Als sie wieder saß, öffnete sie die Handtasche und holte einen Spiegel hervor, um ihre Zähne zu betrachten. Sie schloß die Lippen und fuhr mit der Zunge fest über die oberen Schneidezähne, dann blickte sie nochmals in den Spiegel.

«Draußen friert's alles zu Eis», sagte sie und drehte den Kopf um. «Je, wie schnell das ging! Hast du gar kein Wasser dazugetan?»

Eloise, die in jeder Hand ein volles Glas trug, blieb stehen. Sie streckte beide Zeigefinger wie eine Revolvermündung aus und rief: «Hände hoch! Die ganze Bude ist umzingelt!»

Mary Jane lachte und steckte ihren Spiegel wieder in die Handtasche.

Eloise kam mit den Gläsern. Sie stellte Mary Janes Glas etwas zittrig auf den Untersatz, behielt aber ihr eigenes in der Hand. Sie streckte sich wieder auf der Couch aus.

«Was glaubst du wohl, was die da draußen macht?» fragte sie. «Sitzt auf ihrem dicken schwarzen Hintern und liest ‹Das Gewand›. Ich hab das Blech mit den Eiswürfeln beim Herausnehmen fallen lassen. Da hat sie ganz irritiert aufgeblickt.»

«Das ist mein letztes Glas! Unweigerlich!» sagte Mary Jane und griff nach ihrem Whisky. «Oh, hör mal! Weißt du, wen ich vorige Woche gesehen hab? Im ersten Stock bei Lord & Taylors?»

«Mh-mh», machte Eloise und stopfte sich ein Kissen unter den Kopf. «Akim Tamiroff.»

«Wen?» fragte Mary Jane. «Wer ist 'n das?»

«Akim Tamiroff. Filmschauspieler. Der sagt doch immer: ‹Machen woll großes Wietz, ja?› Find ihn toll! . . . Im ganzen verdammten Haus ist nicht ein Kissen, das ich ausstehen kann. Also wen hast du gesehen?»

«Jackson. Sie war . . .»

«Welche Jackson?»

«Wieso? Die Jackson, die in unserer Psychologie-Klasse war und die immer . . .»

«Beide Jacksons waren in unserer Psychologie-Klasse.»

«Also die mit dem schrecklichen . . .»

«Marcia Louise! Ja, der bin ich auch mal begegnet. Die redet einem ein Loch in 'n Bauch, was?»

«Weiß Gott, ja. Aber weißt du, was sie mir erzählt hat? Dr. Whiting ist gestorben. Sie sagt, sie hätte einen Brief von Barbara Hill, und die habe ihr geschrieben, daß die Whiting im vorigen Sommer Krebs bekommen hätte und gestorben wäre und so weiter. Zuletzt hat sie bloß noch 62 Pfund gewogen. Als sie starb. Ist doch furchtbar, nicht?»

«Nein.»

«Na, weißt du, Eloise, wie kannst du bloß so hart sein?»

«Hm. Was hat sie denn sonst noch erzählt?»

«Ach, sie war gerade von Europa zurück. Ihr Mann war in Deutschland oder daherum stationiert, und sie ist mitgegangen. Sie haben ein Haus mit 47 Zimmern gehabt, hat sie gesagt, sie und bloß noch ein anderes Ehepaar, und etwa zehn Dienstboten. Hatte ein Reitpferd. Und der Reitknecht, den sie hatte, war Hitlers Reitlehrer gewesen oder so was Ähnliches. Oh, und dann fing sie an, mir zu erzählen, wie sie mal von einem farbigen Soldaten beinah vergewaltigt worden wäre. Denk bloß, im ersten Stock von Lord & Taylors fing sie einfach an . . . du kennst ja Jackson. Sie sagt, er sei der Chauffeur von ihrem Mann gewesen, und eines Morgens sollte er sie zum Markt oder so fahren. Sie sagt, sie hätte sich so gefürchtet, daß sie nicht mal . . .»

«Warte bitte einen Augenblick!» Eloise hob den Kopf und sprach lauter. «Bist du's Ramona?»

«Ja», antwortete die Stimme eines kleinen Kindes.

«Mach bitte die Haustür hinter dir zu!» rief Eloise.

«Ist es Ramona? Oh, ich freu mich drauf, sie zu sehen! Stell dir vor, daß ich sie nicht gesehen hab, seit sie ihr . . .»

«Ramona», rief Eloise mit geschlossenen Augen, «geh in die Küche und laß dir von Grace die Überschuhe ausziehen!»

«Ja», sagte Ramona. «Komm doch, Jimmy!»

«Oh, ich freu mich drauf, sie zu sehen», sagte Mary Jane. «O mein Gott! Sieh mal, was ich angestellt habe! Oh, es tut mir gräßlich leid, El!»

«Laß doch! Laß doch sein!» sagte Eloise. «Ich kann den blöden Teppich sowieso nicht ausstehen! Ich bringe dir ein neues Glas!»

«Nein, nicht nötig! Schau doch, ich hab noch über die Hälfte drin!» Mary Jane hielt ihr Glas hoch.

«Bestimmt?» sagte Eloise. «Gib mal 'ne Zigarette her!»

Eloise zündete ein Streichholz an. «Akim Tamiroff!» sagte sie vor sich hin.

Mary Jane reichte ihr das Päckchen Zigaretten und sagte: «Oh, ich freu mich wahnsinnig, sie wiederzusehen! Wem sieht sie ähnlich?» Eloise schnitt eine Grimasse.

«Nein, im Ernst!»

«Lew. Sie gleicht Lew. Als seine Mutter zu uns kam, sahen die drei wie Drillinge aus.»

Ohne sich aufzurichten, streckte Eloise die Hand nach einem Stapel Aschenbecher aus, die auf der anderen Seite des Rauchtisches standen. Es gelang ihr, den obersten abzuheben, und dann stellte sie ihn auf ihren Magen. «Was ich brauche, ist ein Spaniel oder so etwas», sagte sie. «Irgendwas, was *mir* ähnlich sieht!»

«Wie sind ihre Augen jetzt?» fragte Mary Jane. «Ich meine, sie sind doch hoffentlich nicht schlimmer geworden, oder?»

«Bewahre! Soviel ich weiß, jedenfalls nicht.»

«Kann sie ohne Brille überhaupt sehen? Ich meine, wenn sie in der Nacht aufsteht, um aufs Klo zu gehen?»

«Das verrät sie keinem. Sie ist ein widerlicher Heimlichtuer!»

Mary Jane fuhr auf ihrem Stuhl herum: «Oh, guten Tag, Ramona!» rief sie. «Ach, was für ein hübsches Kleidchen!» Sie stellte ihr Glas hin. «Ich wette, du kannst dich gar nicht mehr an mich erinnern, was, Ramona?»

«Ach natürlich! Wer ist die Dame, Ramona?»

«Mary Jane», sagte Ramona und kratzte sich.

«Großartig!» rief Mary Jane. «Ramona, würdest du mir ein Küßchen geben?»

«Laß das!» rief Eloise Ramona zu.

«Würdest du mir ein Küßchen geben, Ramona?» fragte Mary Jane nochmals.

«Ich bin nicht sehr für Küssen», sagte Ramona.

Eloise schnaufte verächtlich und fragte dann: «Wo ist Jimmy?»

«Hier.»

«Wer ist Jimmy?» fragte Mary Jane, zu Eloise gewandt.

«Ach Gott, ihr Freund. Geht überall hin, wo sie hingeht. Macht alles, was sie macht. Die dickste Freundschaft!»

«Wirklich?» rief Mary Jane begeistert. Sie lehnte sich vor. «Hast du einen Freund, Ramona?»

Hinter den dick geschliffenen Brillengläsern spiegelten Ramonas kurzsichtige Augen nicht den kleinsten Bruchteil von Mary Janes Begeisterung wider.

«Mary Jane hat dir eine Frage gestellt, Ramona», mahnte Eloise.

Ramona versenkte einen Finger in ihre kleine, breite Nase.

«Laß das!» sagte Eloise.

«Mary Jane hat dich gefragt, ob du einen Freund hast!»

«Ja», sagte Ramona, die mit ihrer Nase beschäftigt war.

«Ramona!» rief Eloise. «Hör sofort damit auf! Aber sofort!»

Ramona ließ die Hand sinken.

«Oh, das finde ich aber großartig», sagte Mary Jane. «Wie heißt er denn? Kannst du mir sagen, wie er heißt, Ramona? Oder ist es ein großes Geheimnis?»

«Jimmy», antwortete Ramona.

«Jimmy? Oh, was für ein hübscher Name! Wie heißt er denn weiter, Ramona?»

«Jimmy Jimmereeno», antwortete Ramona.

«Steh still!» sagte Eloise.

«Oh, das ist ja ein toller Name», sagte Mary Jane. «Und wo ist Jimmy jetzt? Kannst du mir das sagen, Ramona?»

«Hier», antwortete Ramona.

Mary Jane blickte sich um, sah dann wieder auf Ramona und lächelte so ermutigend, wie sie nur konnte. «Wo denn hier, Schätzchen?»

«Hier», sagte Ramona. «Ich halt ihn ja bei der Hand!»

«Ich versteh's nicht», sagte Mary Jane zu Eloise, die ihr Glas leertrank.

«*Mich* mußt du nicht ansehen», sagte Eloise.

Mary Jane blickte wieder Ramona an. «Ach so, jetzt versteh ich's. Jimmy ist ein kleiner Junge, den du dir ausgedacht hast. Köstlich!» Mary Jane lehnte sich herzlich vor: «Wie geht's dir, Jimmy?» fragte sie.

«Er antwortet dir nicht», sagte Eloise. «Ramona, erzähl mal Mary Jane was von Jimmy!»

«Was soll ich denn erzählen?»

«Steh doch gerade, bitte . . . Erzähl Mary Jane, wie Jimmy aussieht!»

«Er hat grüne Augen und schwarzes Haar.»

«Und sonst noch?»

«Keine Mammi und keinen Pappi.»

«Und sonst noch?»

«Keine Sommersprossen.»

«Und sonst noch?»

«Ein Schwert.»

«Und sonst noch?»

«Weiß ich nicht», sagte Ramona und begann sich wieder zu kratzen.

«Der muß aber reizend sein!» meinte Mary Jane und lehnte sich noch weiter vor. «Ramona, sag mir doch mal: Hat Jimmy auch seine Überschuhe ausgezogen, als ihr vorhin ins Haus gekommen seid?»

«Jimmy hat Stiefel», antwortete Ramona.

«Köstlich!» sagte Mary Jane zu Eloise.

«Das stellst du dir so vor. Aber ich bekomm's den ganzen Tag lang zu hören. Jimmy ißt mit ihr, geht mit ihr in die Badewanne, schläft im gleichen Bett mit ihr . . . Sie schläft ganz weit auf der Außenkante, damit sie ja nicht nach innen rutscht und ihm weh tut.»

Mary Jane hörte sich alles voller Interesse und Begeisterung an, biß sich auf die Unterlippe und fragte dann: «Aber wo hat er den Namen her?»

«Jimmy Jimmereeno? Weiß der Himmel, woher.»

«Vielleicht heißt er so nach einem kleinen Jungen in der Nachbarschaft?»

Eloise gähnte und schüttelte den Kopf. «In der Nachbarschaft sind keine kleinen Jungen. Überhaupt keine kleinen Kinder. Mich nennen sie hinter meinem Rücken ‹Die Fruchtbare Fanny›.»

«Mammi», fragte Ramona, «darf ich nach draußen gehen und spielen?»

Eloise blickte sie an. «Du bist doch gerade erst draußen gewesen!»

«Jimmy möchte gern wieder nach draußen.»

«Darf ich fragen warum?»

«Er hat sein Schwert draußen liegen lassen.»

«Oh, der mit seinem verdammten Schwert», sagte Eloise. «Meinetwegen, geh los! Zieh dir wieder die Überschuhe an!»

«Kann ich das hier haben?» sagte Ramona und nahm ein abgebranntes Zündhölzchen aus dem Aschenbecher.

«*Darf* ich es haben, heißt es. Ja. Geh nicht auf die Straße, bitte!»

«Auf Wiedersehen, Ramona», rief Mary Jane melodisch.

«Wiedersehn! Komm, Jimmy!»

Eloise sprang plötzlich auf die Füße. «Gib mir mal dein Glas her», sagte sie.

«Nein, wirklich, El! Ich sollte ja längst in Larchmont sein. Mr. Weyenburg ist nämlich so reizend zu mir, daß es mir sehr unangenehm wäre . . .»

«Ruf ihn an und sag, du wärst überfahren worden. Laß das elende Glas los, ja?»

«Nein, wirklich nicht, El. Es vereist ja alles so schrecklich. Ich hab nicht viel Anti-Frost im Wagen. Und wenn ich nicht . . .»

«Laß es nur frieren! Geh telefonieren! Sag, du wärst gestorben. Komm, gib's schon her!»

«Ach je . . . wo ist denn das Telefon?»

«Es ist nach drüben spaziert», sagte Eloise, die mit den leeren Gläsern aufs Eßzimmer zuging. Auf der Schwelle zwischen Wohnzimmer und Eßzimmer blieb sie plötzlich stehen und deutete mit dem Bauch die Richtung an.

Mary Jane kicherte.

«Du hast eben Walt nicht richtig gekannt», sagte Eloise um Viertel nach vier, während sie auf dem Rücken auf dem Fußboden lag und ihr Whiskyglas auf ihrer schmalen Brust balancierte. «Er war der einzige Mensch, der mich zum Lachen bringen konnte. Ich meine, richtig zum Lachen . . .» Sie blickte zu Mary Jane hinüber. «Erinnerst du dich noch an den Abend – es war in unserm letzten Jahr –, als die verrückte Louise Hermanson ins Zimmer platzte und den schwarzen Büstenhalter trug, den sie sich in Chicago gekauft hatte?»

Mary Jane kicherte. Sie lag bäuchlings auf der Couch, mit dem Kinn auf der Lehne, und blickte Eloise ins Gesicht. Ihr Whiskyglas stand in Reichweite auf dem Fußboden.

«Na, *so* – so konnte er mich auch zum Lachen bringen!» sagte Eloise. «Er konnte es, wenn er mit mir sprach. Er konnte es am Telefon. Er konnte es sogar brieflich. Und das Schönste daran war, daß er überhaupt nicht komisch sein wollte – er *war* einfach komisch!» Sie drehte den Kopf ein wenig zu Mary Jane herum. «He, wie wär's, wenn du mir mal 'ne Zigarette zuwirfst?»

«Ich komm nicht ran», sagte Mary Jane.

«Ach, zum Kuckuck!» Eloise sah wieder zur Decke auf. «Einmal fiel ich hin», erzählte sie. «Ich hab immer an der Bushaltestelle auf ihn gewartet, gleich bei der Kantine, und einmal hatte er sich verspätet, und der Bus fuhr schon an. Wir rannten beide hinterher, und ich fiel hin und hab mir den Knöchel verrenkt. Da sagt er: ‹Armer Onkel Wackelpeter!› Damit hat er meinen Knöchel gemeint. ‹Armer Onkel Wackelpeter› hat er ihn genannt . . . Mein Gott, wie nett er war!»

«Hat Lew denn keinen Sinn für Humor?» fragte Mary Jane.

«Was?»

«Ob Lew keinen Sinn für Humor hat.»

«Ach Gott, wer weiß das schon. Ja. Ist wohl möglich. Er lacht über Witzbilder und solchen Kram.» Eloise hob den Kopf an, nahm das Whiskyglas von der Brust und trank.

«Immerhin», sagte Mary Jane. «Das ist schließlich nicht alles. Ich meine, das ist schließlich nicht alles.»

«Was?»

«Ach . . . du weißt doch . . . Lachen und so.»

«Wieso denn nicht?» rief Eloise. «Hör mal, wenn man keine Nonne oder so was werden will, kann man ebensogut lachen.»

Mary Jane kicherte. «Du bist schrecklich», sagte sie.

«Ach Gott, er war so nett!» sagte Eloise. «Er war entweder komisch oder lieb. Nicht wie so 'n verdammter ‹lieber kleiner Junge›, nein. Er hatte eine ganz besondere Art, lieb zu sein. Weißt du, was er manchmal gemacht hat?»

«Mh-mh», machte Mary Jane.

«Wir fuhren mit der Bahn von Trenton nach New York – es war gleich nach seiner Einberufung. Im Abteil war es kalt, und ich hatte den Mantel über uns beide gedeckt. Ich weiß noch, daß ich Joyce Morrows Strickjacke anhatte – du weißt doch noch, die entzückende blaue Strickjacke, die sie damals hatte?»

Mary Jane nickte, aber Eloise sah nicht zu ihr hin und merkte deshalb nichts von ihrem Nicken.

«Also, irgendwie hatte er mir die Hand auf den Bauch gelegt. Jedenfalls sagte er auf einmal, mein Bauch sei so schön, daß er wünschte, ein Offizier käme vorbei und würde ihm befehlen, die andere Hand aus dem Fenster zu strecken. Es sagte, er sei für Gerechtigkeit. Dann nahm er seine Hand fort und sagte zum Schaffner, er solle die Schultern zurückziehen. Er sagte, wenn er was nicht vertragen könne, dann sei das ein Mann, der wegen seiner Uniform nicht stolz aussähe. Der Schaffner hat ihm bloß geantwortet, er solle lieber weiterschlafen.» Eloise dachte einen Augenblick nach. Schließlich sagte sie: «Es war nicht immer, was er sagte, sondern wie er es sagte. Du weißt ja.»

«Hast du Lew mal von ihm erzählt – ich meine, überhaupt?»

«Oh», erwiderte Eloise, «ich hab mal damit angefangen. Aber das erste, was er mich fragte, war, welchen Rang er gehabt hätte.»

«Welchen Rang hatte er denn?»

«Hah!» sagte Eloise.

«Nein, ich meinte bloß . . .»

Eloise lachte plötzlich vom Zwerchfell aus. «Weißt du, was er mal gesagt hat? Mal hat er gesagt, es sei ihm, als ob er auch im Heer avanciere, bloß in der entgegengesetzten Richtung. Er sagte, wenn er seine erste Beförderung erhielte, würde er nicht die Streifen bekommen, sondern die Ärmel würden ihm weggenommen. Und er sagte, bis er dann zum General befördert würde, wäre er splitternackt. Alles, was er dann trüge, wäre weiter nichts als ein kleiner Infanterieknopf im Bauchnabel.»

Eloise blickte zu Mary Jane hinüber, die jedoch nicht lachte. «Findest du es nicht ulkig?»

«Ja. Aber weshalb erzählst du denn nicht Lew gelegentlich etwas über ihn?»

«Weshalb nicht? Weil er zu verdammt unintelligent ist, deshalb nicht!» sagte Eloise.

«Und überhaupt, hör mal gut her, du Karrierefräulein! Wenn du dich je wieder verheiraten solltest, mußt du deinem Mann rein gar nichts erzählen! Hast du verstanden?»

«Warum nicht?» fragte Mary Jane.

«Weil ich's dir sage, deshalb!» sagte Eloise. «Am liebsten wollen sie denken, du hättest dich dein ganzes Leben lang erbrechen müssen, sowie dir mal ein Mann in die Nähe kam. Ganz im Ernst, glaub's mir! Du kannst ihnen natürlich was erzählen. Aber nie die Wahrheit. Ich meine, nie, wie es wirklich war. Wenn du ihnen erzählst, du hättest mal einen hübschen Burschen gekannt, dann mußt du im gleichen Atemzug sagen, daß er *zu* hübsch war. Und wenn du ihnen erzählst, du hättest mal einen gescheiten Mann gekannt, dann mußt du aber hinzufügen, daß er dreist und neunmalklug war. Wenn du's nicht so machst, dann wärmen sie dir den armen Kerl auf, sooft sie eine Gelegenheit erspähen.» Eloise brach ab, um einen Schluck zu trinken und nachzudenken. «Oh», fuhr sie fort, «sie hören dir ganz vernünftig und verständig zu. Sie können sogar eine verteufelt kluge Miene dabei aufsetzen. Aber laß dich bloß nicht dadurch irreführen. Glaube mir! Du kannst die reinste Hölle erleben, wenn du sie für klug hältst! Darauf geb ich dir mein Wort!»

Mary Jane, die niedergeschlagen dreinblickte, nahm das Kinn von der Lehne weg und stützte es der Abwechslung halber mal auf den Unterarm. Sie sann über Eloises Rat nach. «Du kannst nicht behaupten, daß Lew nicht klug ist», sagte sie laut.

«*Wer* kann das nicht?»

«Ich meine, er ist doch klug?» fragte Mary Jane unschuldig.

«Ach Gott», sagte Eloise, «was nützt es denn, darüber zu reden?

Schwamm drüber! Ich mach dich bloß niedergeschlagen. Sag mir, ich soll den Mund halten!»

«Aber warum hast du ihn denn bloß geheiratet?» fragte Mary Jane.

«Ach Gott! Das weiß ich auch nicht. Er hat mir erzählt, daß er Jane Austen liebt. Er hat mir erzählt, daß er ohne Bücher nicht leben könnte. Genauso hat er sich ausgedrückt. Nachdem wir verheiratet waren, hab ich entdeckt, daß er nicht ein einziges von ihren Büchern gelesen hat. Weißt du, wer sein Lieblingsschriftsteller ist?»

Mary Jane schüttelte den Kopf.

«L. Manning Vines. Hast du schon mal von dem gehört?»

«Mh-mh.»

«Ich auch nicht. Und sonst auch kein Mensch. Er hat ein Buch über vier Männer geschrieben, die in Alaska verhungert sind. Lew kennt nicht mal den Titel, aber er habe noch nie ein Buch gelesen, das so wunderbar geschrieben sei.»

«Du bist zu kritisch», sagte Mary Jane. «Du bist wirklich zu kritisch. Vielleicht war es *tatsächlich* ein gutes . . .»

«Kannst mir aufs Wort glauben, daß es das nicht war!» sagte Eloise. Sie dachte einen Augenblick nach, dann fuhr sie fort: «Du hast wenigstens eine Stelle. Wirklich, du hast wenigstens . . .»

«Aber hör doch mal», unterbrach Mary Jane. «Willst du ihm denn nie erzählen, daß Walt gefallen ist? Da kann er doch nicht eifersüchtig sein, meine ich, wenn er weiß, daß Walt . . . du weißt schon . . . nicht mehr am Leben ist und so.»

«Ach du lieber Himmel! Du armes, unschuldiges kleines Karrierefräulein», rief Eloise. «Dann wär's noch schlimmer. Dann würde er ein Gespenst! Nein, hör mal zu! Jetzt weiß er nur, daß ich mit jemand verkehrt habe, der Walt hieß – irgend so ein Schlaumeier von GI. Das wäre das letzte, was ich ihm sagen würde, daß Walt gefallen ist. Wirklich das allerletzte. Und wenn ich's tun würde – ich tu's nicht –, aber wenn ich's tun würde, dann würde ich ihm sagen, daß er im Kampf gefallen ist.»

«El . . .» sagte sie. –

«Hm?»

«Warum willst du mir nicht erzählen, wie er gestorben ist? Ich schwör's dir, daß ich's niemand weitererzähle! Ehrenwort! Bitte!»

«Nein.»

«Bitte! Ehrenwort! Ich sag's keinem Menschen!»

Eloise trank ihr Glas aus und stellte sich das leere Glas wieder auf die Brust. «Du könntest es Akim Tamiroff erzählen», sagte sie.

«Nein, das würde ich nicht! Ich würde es bestimmt keiner . . .»

«Ach», sagte Eloise, «sein Regiment machte irgendwo Rast. Zwischen zwei Schlachten, sagte sein Freund, der mir darüber geschrieben hat. Walt und ein anderer verpackten den kleinen japanischen Ofen. Ein Oberst wollte ihn nach Hause schicken. Oder sie holten ihn aus der Schachtel um ihn neu einzupacken . . . das weiß ich nicht genau. Jedenfalls war er ganz voll Benzin und Zeugs und explodierte – und ihnen mitten ins Gesicht. Der andere hat bloß ein Auge verloren.» Eloise fing an zu weinen. Sie legte die Hand um das leere Glas auf ihrer Brust, damit es stillstand.

Mary Jane rutschte von der Couch und machte auf den Knien drei Schritte zu Eloise hinüber, um sie zu streicheln. «Weine nicht, El! Weine doch nicht!»

«Wer weint denn?» rief Eloise.

«Ja, ja. Aber weine doch nicht. Es lohnt sich ja wirklich nicht!» Die Haustür ging auf.

«Ramona ist wieder da», sagte Eloise mit verstopfter Nase. «Tu mir einen Gefallen! Geh in die Küche und sag der Sowieso, sie soll ihr bald ihr Abendbrot geben. Ja?»

«Gern. Aber du mußt mir versprechen, nicht mehr zu weinen!»

«Ich versprech's. Geh nur! Mir ist nicht danach zumute, jetzt in die verdammte Küche zu gehen.»

Mary Jane stand auf, verlor das Gleichgewicht und fing sich wieder, und damit verließ sie das Zimmer.

In weniger als zwei Minuten war sie schon wieder da, und Ramona rannte vor ihr her. Ramona stapfte mit der ganzen Sohle auf, um mit ihren offenen Überschuhen soviel Lärm wie möglich zu machen.

«Sie läßt sich nicht die Überschuhe ausziehen!» rief Mary Jane.

Eloise lag noch immer mit dem Rücken auf dem Fußboden und benutzte ihr Taschentuch. Sie sagte etwas zu Ramona und sprach dabei durchs Taschentuch. «Geh in die Küche und sage Grace, sie soll dir die Überschuhe ausziehen. Du weißt doch, daß du nicht ins . . .»

«Sie ist auf der Toilette», antwortete Ramona.

Eloise steckte ihr Taschentuch fort und rappelte sich in eine sitzende Stellung auf. «Gib mir deinen Fuß», sagte sie. «Aber setz dich erst! Nein, nicht dort . . . hier! Meine Güte!» Mary Jane lag auf den Knien und suchte unter dem Tisch nach ihren Zigaretten. Sie sagte: «He, rate mal, was Jimmy passiert ist?»

«Keine Ahnung! Den anderen Fuß! *Den anderen* Fuß!»

«Er ist überfahren worden», sagte Mary Jane. «Ist das nicht traurig?»

32

«Ich hab Skipper mit 'nem Knochen gesehen», erzählte Ramona ihrer Mutter.

«Was ist mit Jimmy passiert?»

«Er ist überfahren worden und tot. Ich hab Skipper mit 'nem Knochen gesehn, und er wollte nicht . . .»

«Laß mich mal eben deine Stirn fühlen», sagte Eloise. Sie streckte die Hand aus und befühlte Ramonas Stirn.

«Du hast ein bißchen Temperatur. Geh zu Grace und sage ihr, du sollst oben in deinem Zimmer essen. Danach gehst du sofort ins Bett. Ich komme später zu dir! Geh jetzt, bitte! Hier, nimm das mit!»

Ramona ging mit Riesenschritten langsam aus dem Zimmer.

«Wirf mir eine zu», bat Eloise. «Wolln noch ein Glas trinken!»

Mary Jane brachte Eloise eine Zigarette. «Was sagst du dazu? Mit ihrem Jimmy! Was für eine Phantasie!»

«Mh-mh. Hol du was zu trinken, ja? Bring einfach die Flasche! Ich möcht nicht nach draußen gehen. Die ganze verdammte Küche riecht wie lauter Apfelsinensaft.»

Fünf Minuten nach sieben läutete das Telefon. Eloise erhob sich von ihrem Platz am Fenster und tastete im Dunkeln nach ihren Schuhen. Sie konnte sie nicht finden. Auf Strümpfen ging sie gleichmäßig, fast schwebend, zum Telefon hinüber. Das Läuten störte Mary Jane nicht: sie lag schlafend auf der Couch, mit dem Gesicht nach unten.

«Hallo», sagte Eloise, ohne das Deckenlicht einzuschalten. «Hör mal, ich kann dich nicht abholen. Mary Jane ist hier. Sie hat ihren Wagen genau vor meinem geparkt, und sie kann ihren Schlüssel nicht finden. Ich kann nicht raus. Wir haben ganze zwanzig Minuten damit zugebracht, den Schlüssel im – Dingsrich – im Schnee zu suchen. Vielleicht können Dick und Mildred dich mitnehmen?»

Sie horchte. «Oh! Das ist aber dumm! Warum bildet ihr Männer keinen Infanterie-Zug und du spielst den Gruppenführer und sagst: rechts, links, rechts, links . . .» Sie horchte wieder. «Ich will keine Witze machen», sagte sie. «Wirklich nicht. Ich seh bloß so aus!» Sie legte den Hörer auf.

Dann kehrte sie etwas weniger standfest ins Wohnzimmer zurück. Als sie bei ihrem Fensterplatz angelangt war, goß sie sich den Rest Whisky, der noch in der Flasche war, in ihr Glas. Es war etwa ein Fingerbreit. Sie trank es hinunter, schüttelte sich und nahm wieder Platz.

Als Grace das Licht im Eßzimmer anschaltete, fuhr Eloise zusammen.

Ohne aufzustehen rief sie Grace zu: «Tragen Sie lieber nicht vor acht Uhr auf, Grace. Mr. Wengler hat sich etwas verspätet.»

Grace stand im Lichtschimmer der Eßzimmerlampe, kam jedoch nicht näher. «Ist die Dame fort?» fragte sie.

«Sie ruht sich aus.»

«Oh», sagte Grace. «Mrs. Wengler, ich hab gedacht, ob's Ihnen recht wär', wenn mein Mann heute nacht hierbleibt. In meinem Zimmer ist viel Platz, und er muß erst morgen früh in New York sein, und es ist so wüst draußen.»

«Ihr Mann? Wo ist er?»

«Jetzt ist er gerade in der Küche», antwortete Grace.

«Nein, leider kann er nicht hier übernachten, Grace.»

«Ma'am?»

«Ich sagte, leider kann er nicht hier übernachten. Ich führe doch kein Hotel!»

Grace stand einen Augenblick still, sagte dann: «Ja, Ma'am» und ging in die Küche.

Eloise verließ das Eßzimmer und stieg die Treppe hinauf, deren Stufen vom Oberlicht der Eßzimmertür schwach erhellt waren. Einer von Ramonas Überschuhen lag auf der Treppe. Eloise hob ihn auf und schleuderte ihn mit soviel Kraft wie möglich über das Treppengeländer. Unten in der Halle klatschte er laut auf.

Sie schaltete das Licht in Ramonas Zimmer an und hielt sich, als brauche sie eine Stütze, am Lichtschalter fest. Einen Augenblick stand sie still und betrachtete Ramona. Dann ließ sie den Lichtschalter los und trat rasch auf ihr Bett zu.

«Ramona! Wach auf! Wach auf!»

Ramona schlief ganz auf der Außenkante des Bettes, und ihr rechter Schenkel hing noch darüber hinaus. Die Brille lag auf dem kleinen Nachttisch, sorgsam zusammengelegt und mit den Bügeln nach unten.

«*Ramona!*»

Das Kind zog heftig den Atem ein und erwachte. Sie riß die Augen weit auf, kniff sie aber fast umgehend wieder zu. «Mammi?»

«Du hast mir doch erzählt, Jimmy Jimmereeno sei überfahren und tot?»

«Was?»

«Du hast es ja gehört!» sagte Eloise. «Warum schläfst du so weit an der Kante?»

«Darum», sagte Ramona.

«Warum darum? Ramona, ich habe keine Lust . . .»

«Ich will Mickey nicht weh tun!»

«*Wem?*»

«Mickey», sagte Ramona und kratzte sich die Nase.

«Mickey Mickeranno.»

Eloises Stimme schlug in ein Kreischen über. «Sofort legst du dich mitten ins Bett! Los!»

Ramona war so furchtbar erschrocken, daß sie bloß zu Eloise aufsah.

«Also gut!» Eloise packte Ramonas Knöchel und zog und hob sie bis in die Mitte des Bettes. Ramona wehrte sich nicht und weinte auch nicht. Sie ließ sich einfach bewegen, ohne sich buchstäblich zu fügen.

«Schlaf jetzt ein!» sagte Eloise und atmete schwer. «Mach die Augen zu! . . . Hast du gehört? Mach sie zu!»

Ramona schloß die Augen.

Eloise ging zum Lichtschalter hinüber und löschte das Licht. Aber sie stand noch lange Zeit auf der Türschwelle. Dann plötzlich stürzte sie im Dunkeln an den Nachttisch, stieß sich am Fußende des Bettes ihr Knie, merkte aber den Schmerz nicht, so versessen war sie darauf, ihre Absicht auszuführen. Sie hob Ramonas Brille auf, hielt sie mit beiden Händen und drückte sie gegen ihre Wange. Die Tränen rollten ihr übers Gesicht und netzten die Gläser. «Armer Onkel Wackelpeter», sagte sie wieder und immer wieder. Endlich legte sie die Brille wieder auf den Nachttisch, mit den Gläsern nach unten.

Sie bückte sich, verlor das Gleichgewicht etwas und begann die Decken auf Ramonas Bett festzustopfen. Ramona war wach. Sie weinte, und sie hatte geweint. Eloise küßte sie auf den tränenfeuchten Mund, strich ihr das Haar aus den Augen und verließ dann das Zimmer.

«Was ist? Wer ist da? Huh?» fragte Mary Jane und richtete sich kerzengerade auf.

«Mary Jane, hör bitte zu! Bitte!» sagte Eloise schluchzend. «Du erinnerst dich doch noch an unser erstes Collegejahr und an das braungelbe Kleid, das ich bei Boise gekauft hatte? Und Miriam Ball sagte zu mir, in New York trüge kein Mensch solche Kleider, und dann hab ich die ganze Nacht geweint?» Eloise schüttelte Mary Jane am Arm. «Ich war ein nettes Mädchen», fragte sie flehend, «nicht wahr?»

Kurz vor dem Krieg
gegen die Eskimos

Fünf Samstagvormittage hintereinander hatte Ginny Mannox jetzt schon mit Selena Graff, einer Klassenkameradin aus Miss Basehoars Schule, auf den Plätzen an der Ostseite Tennis gespielt. Ginny machte keinen Hehl daraus, daß sie Selena für die doofste Nudel in Miss Basehoars Schule hielt – einer Schule, in der es von doofen Nudeln wimmelte –, aber sie hatte noch nie jemanden gekannt, der so oft wie Selena ganze Büchsen voll Tennisbälle mitbrachte. Selenas Vater hatte wohl eine Tennisballfabrik oder so. (Eines Abends hatte Ginny beim Essen zur Erbauung der ganzen Familie Mannox die Vorstellung eines Dinners bei den Graffs heraufbeschworen; dabei hatte ein bilderbuchreifer Diener jedem Graff an Stelle von Tomatensaft eine Büchse mit Tennisbällen serviert.) Aber daß sie Selena jedesmal an ihrer Haustür absetzen mußte und dann jedes-, aber auch jedesmal auf dem ganzen Taxipreis sitzenblieb, das ging Ginny allmählich auf die Nerven. Immerhin war es Selenas Einfall gewesen, vom Tennisplatz mit dem Taxi und nicht mit dem Bus nach Hause zu fahren. Am fünften Samstag, als sie oben in der York Avenue ins Taxi stiegen, fing Ginny plötzlich davon an.

«Du, Selena, hör mal!»

«Was?» fragte Selena, die damit beschäftigt war, den Boden des Taxis mit den Händen abzutasten. «Ich kann die Hülle meines Schlägers nicht finden», stöhnte sie.

Trotz des warmen Maiwetters trugen beide Mädchen Mäntel über ihren Shorts.

«Du hast ihn in deine Tasche gesteckt», sagte Ginny.

«Hör doch mal.»

«O Gott, du hast mir das Leben gerettet.»

«Hör mal», sagte Ginny, die nichts von Selenas Dankbarkeit wissen wollte.

«Was?»

Ginny entschloß sich, sofort zur Sache zu kommen. Das Taxi hatte Selenas Straße fast erreicht. «Ich habe keine Lust, heute wieder auf dem ganzen Taxipreis sitzenzubleiben», sagte sie. «Ich bin schließlich kein Millionär.»

Selena sah erst überrascht, dann verletzt aus. «Bezahl ich denn nicht immer halb?» fragte sie unschuldig.

«Nein», sagte Gimmy trocken, «nur am ersten Samstag hast du halb bezahlt, und das ist schon über 'nen Monat her. Und seitdem hast du kein einziges Mal mehr bezahlt. Ich will ja nicht knickerig sein, aber ich muß tatsächlich von vierfünzig die Woche existieren. Und davon muß ich noch . . .»

«Bring ich nicht immer die Tennisbälle mit?» fragte Selena bockig.

Manchmal hätte Ginny Selena umbringen können. «Dein Vater macht sie doch oder so, jedenfalls kosten sie dich nichts. Ich muß jede Kleinigkeit selbst bezahlen, und . . .»

«Schon gut, schon gut», sagte Selena laut und mit einer Bestimmtheit, die sie wieder ins Recht setzte. Sie machte ein gelangweiltes Gesicht und suchte in ihren Manteltaschen. «Ich hab nur 35 Cent bei mir», sagte sie kühl, «langt das?»

«Leider nicht. Du schuldest mit 1 Dollar 65. Ich hab alles genau notiert.»

«Ich müßte raufgehen und meine Mutter um den Rest bitten. Hat es denn nicht Zeit bis Montag? Ich könnte es mit zur Turnstunde bringen, wenn dich das beruhigt.»

Selenas Haltung machte Nachgiebigkeit unmöglich.

«Nein», sagte Ginny, «ich muß heute ins Kino gehen, ich brauche das Geld.»

In feindseligem Schweigen starrte jede zu ihrem Fenster hinaus, bis das Taxi vor Selenas Haus hielt. Dann stieg Selena, die dem Bordstein am nächsten saß, aus, ließ die Taxitür nur knapp offen und ging flott und selbstbewußt, als besuche sie einen Hollywoodstar, ins Haus. Ginny bezahlte mit hochrotem Gesicht den Taxifahrer. Dann raffte sie ihre Tennissachen – Schläger, Handtuch und Augenschirm – zusammen und ging hinter Selena her. Mit ihren fünfzehn Jahren war Ginny schon einszweiundsiebzig groß, trug Tennisschuhe Größe 42, und als sie die Eingangshalle betrat, verlieh ihr ihre gummibesohlte Schlaksigkeit etwas beunruhigend Amateurhaftes, das Selena veranlaßte, nicht sie, sondern das Signallicht über dem Aufzug anzustarren. «Jetzt bekomme ich schon 1 Dollar 90 von dir», sagte Ginny und stellte sich vor den Aufzug.

Selena wandte sich ihr zu. «Vielleicht interessiert es dich zu erfahren, daß meine Mutter sehr krank ist.»

«Was hat sie denn?»

«Was sie hat, das ist schon fast eine Lungenentzündung, und wenn du glaubst, es macht mir Spaß, sie jetzt mit Geldsachen zu belästigen . . .»

Selena gab den unvollendeten Satz mit soviel Nachdruck von sich, wie sie aufbringen konnte.

Diese Mitteilung, ob sie nun wahr oder unwahr sein mochte, verwirrte Ginny tatsächlich ein wenig, aber das machte sie nicht sentimental. «Von mir hat sie die Lungenentzündung nicht», sagte sie und stieg hinter Selena in den Aufzug.

Als Selena an der Wohnungstür geklingelt hatte, wurden die Mädchen eingelassen – besser gesagt, die Tür wurde aufgerissen und halb offengelassen – von einem schwarzen Hausmädchen, mit dem Selena nicht auf Sprechfuß zu stehen schien. Ginny warf ihre Tennissachen auf einen Stuhl in der Diele und ging hinter Selena her. Im Wohnzimmer wandte Selena sich zu ihr und sagte: «Würdest du bitte hier warten? Es kann sein, daß ich Mutter wecken muß und so.»

«O. K.», sagte Ginny und ließ sich auf das Sofa fallen.

«Nie im Leben hätte ich gedacht, daß du so kleinlich sein könntest», sagte Selena; sie war ärgerlich genug, das Wort kleinlich auszusprechen, aber nicht mutig genug, es zu betonen.

«Dann weißt du's ja jetzt», sagte Ginny, griff nach einem Vogue-Heft und hielt es sich geöffnet vors Gesicht. So blieb sie sitzen, bis Selena das Zimmer verlassen hatte; dann legte sie das Heft auf den Radioapparat zurück. Sie blickte sich im Zimmer um, stellte in Gedanken Möbel um, warf Tischlampen und künstliche Blumen hinaus. Ihrer Meinung nach war es ein absolut scheußlicher Raum – teuer, aber spießig.

Plötzlich rief eine männliche Stimme aus irgendeiner Ecke der Wohnung: «Eric, bist du's?»

Ginny nahm an, daß es Selenas Bruder sei, den sie noch nie gesehen hatte. Sie schlug ihre langen Beine übereinander, zog den Saum ihres Polomantels über die Knie und wartete. Ein langer Jüngling mit Brille, im Schlafanzug, ohne Pantoffeln schlurfte mit offenem Mund ins Zimmer. «Oh, verflucht, ich dacht, es wär Eric», sagte er. Ohne anzuhalten, durchquerte er in äußerst schlechter Haltung das Zimmer und drückte dabei irgend etwas fest an seine schmale Brust. Er setzte sich in die andere Sofaecke. «Ich hab mich gerade in meinen blöden Finger geschnitten», sagte er ganz aufgeregt. Er blickte Ginny an, als sei er gar nicht überrascht, sie hier zu finden. «Haben Sie sich schon mal in den Finger geschnitten – bis auf den Knochen und so?» fragte er. In seiner lauten Stimme war etwas wirklich Bittendes, als könne Ginny ihn durch ihre Antwort aus einer besonders tiefen Einsamkeit befreien, in die er durch sein Pioniererlebnis geraten war.

Ginny starrte ihn an. «Nein, nicht gerade bis auf den Knochen, aber geschnitten habe ich mich schon.» Einen so komisch aussehenden Jungen oder Mann – es war schwer zu sagen, was er wirklich war – hatte sie noch nie gesehen. Sein Haar war schlafzerwühlt. Seine blonden, dünnen Bartstoppeln waren ein paar Tage alt, und er sah aus – nun, er sah doof aus. «Wie haben Sie das denn gemacht?» fragte sie.

Er starrte auf seinen verletzten Finger, sein schlaffer, zu großer Mund stand halb offen.

«Was?» sagte er.

«Wie haben Sie das gemacht?»

«Verdammt, wenn ich das wüßte», sagte er, und sein Tonfall deutete an, daß die Antwort hoffnungslos unklar bleiben würde. «Ich hab nach irgendwas in dem verdammten Papierkorb gesucht, und der war voller Rasierklingen.»

«Sind Sie Selenas Bruder?» fragte Ginny.

«Ja, mein Gott, ich blut mich noch tot. Am besten bleiben Sie mal da, vielleicht muß ich so 'ne verdammte Transfusion kriegen.»

«Haben Sie denn was drauf getan?»

Langsam löste Selenas Bruder seine verletzte Hand von der Brust und enthüllte sie vor Ginnys Augen. «Nur 'n bißchen blödes Klopapier», sagte er, «soll's Bluten stoppen, wie wenn man sich beim Rasieren schneidet.» Er sah Ginny wieder an. «Wer sind Sie denn?» fragte er. «Freundin von unserem Herzchen?»

«Wir sind in derselben Klasse.»

«Ach, und wie heißen Sie?»

«Virginia Mannox.»

«Sie sind Ginny?» sagte er und blinzelte sie durch seine Brillengläser an. «Sie sind Ginny Mannox?»

«Ja», sagte Ginny und setzte ihre Füße nebeneinander.

Selenas Bruder wandte sich wieder seinem Finger zu; für ihn war dieser Finger der wahre und einzige Mittelpunkt des Hauses.

«Ich kenne Ihre Schwester», sagte er leidenschaftslos.

«Verfluchter Snob.»

Ginny richtete sich auf. «Wer?»

«Sie haben's doch gehört.»

«Sie ist *kein* Snob.»

«Wenn die keiner ist», sagte Selenas Bruder.

«Sie ist *keiner*.»

«Wenn die keiner ist. Sie ist die Königin aller verfluchten Snobs.»

Ginny sah ihm zu, wie er die dicken Lagen Toilettenpapier hochschob und auf seinen Finger starrte.

«Sie kennen ja meine Schwester überhaupt nicht.»

«Wenn ich die nicht kenne.»

«Wie heißt sie denn, wie heißt sie mit Vornamen?» fragte Ginny gebieterisch.

«Joan, Joan der Snob.»

Ginny schwieg. «Und wie sieht sie aus?» fragte sie plötzlich.

Keine Antwort.

«Ich habe gefragt, wie sie aussieht», sagte Ginny.

«Wenn sie nur halb so gut aussähe, wie sie glaubt, daß sie aussieht, könnte sie verdammt froh sein», sagte Selenas Bruder.

Das war eine gute Antwort, fand Ginny insgeheim.

«Aber sie hat Sie noch nie erwähnt», sagte sie.

«Das macht mich aber unglücklich, macht mich todunglücklich.»

«Und außerdem ist sie verlobt», sagte Ginny und beobachtete ihn genau. «Und nächsten Monat heiratet sie.»

«Wen denn?» fragte er und blickte auf.

Daß er aufgeblickt hatte, nutzte Ginny rücksichtslos aus. «Einen, den Sie bestimmt nicht kennen.»

Er wandte sich wieder seinem Notverband zu. «Ich bedaure ihn», sagte er.

Ginny schnaubte.

«Es blutet immer noch wie verrückt. Meinen Sie, ich müßte was drauf tun? Was tut man denn drauf? Ob Mercurocrom was nützt?»

«Jod ist besser», sagte sie. Dann fiel ihr ein, daß ihre Antwort in dieser Situation zu höflich war, und sie fügte hinzu: «Mercurocrom ist vollkommen zwecklos.»

«Warum? Was ist denn damit?»

«Es ist einfach nicht das Richtige dafür; was Sie brauchen, ist Jod.»

«Jod brennt aber auch, nicht? Brennt es nicht ganz gräßlich?»

«Ja, es *brennt*», sagte Ginny, «aber sterben werden Sie nicht davon oder so.»

Selenas Bruder war offensichtlich durch Ginnys Ton nicht gekränkt und wandte sich wieder seinem Finger zu. «Ich mag's nicht, wenn's brennt», sagte er.

«Das mag keiner.»

Er nickte zustimmend. «Ja», sagte er.

Ginny beobachtete ihn einen Augenblick. «Lassen Sie doch die Finger davon», sagte sie plötzlich.

Als hätte ihn ein elektrischer Schlag getroffen, zog Selenas Bruder sofort die unverletzte Hand von der Wunde weg und setzte sich ein bißchen aufrechter, oder besser gesagt, er ließ sich ein bißchen weniger hängen. Er blickte auf irgend etwas an der anderen Zimmerwand, und auf sein ungeordnetes Gesicht trat ein fast träumerischer Ausdruck. Er schob den Nagel seines unverletzten Zeigefingers zwischen zwei Schneidezähne, entfernte einen Speiserest und wandte sich Ginny zu.

«Schon gefuttert?» fragte er.

«Was?»

«Schon Mittag gegessen?»

Ginny schüttelte den Kopf.

«Ich esse, wenn ich nach Hause komme», sagte sie, «meine Mutter hat das Mittagessen immer fertig auf dem Tisch, wenn ich heimkomme.»

«In meinem Zimmer hab ich noch ein halbes Butterbrot mit Hühnchen. Möchten Sie's? Ich hab's nicht angerührt oder so.»

«Nein, danke, wirklich nicht.»

«Verdammt, Sie kommen doch gerade vom Tennis. Sie müssen doch hungrig sein.»

«Das ist es nicht», sagte Ginny und schlug die Beine wieder übereinander. «Es ist nur so, daß meine Mutter immer das Essen fertig hat, wenn ich heimkomme. Und sie bringt sich um, wenn ich keinen Appetit mitbringe.»

Selenas Bruder schien diese Erklärung zu akzeptieren. Jedenfalls nickte er schließlich und blickte weg. Aber dann drehte er sich ihr plötzlich wieder zu und sagte: «Wie wär's denn mit 'nem Glas Milch?»

«Nein, danke – wirklich vielen Dank.»

In Gedanken versunken beugte er sich vor und kratzte seine nackten Knöchel. «Wie heißt denn der Kerl, den sie heiratet?» fragte er.

«Ach, Sie meinen Joan», sagte Ginny, «er heißt Dick Heffner.»

Selenas Bruder fuhr fort, sich an seinem Knöchel zu kratzen.

«Er ist Kapitänleutnant bei der Marine», sagte Ginny.

«Hohes Tier.»

Ginny kicherte. Sie sah zu, wie er an seinem Knöchel kratzte, bis sich die Haut rötete; als er aber anfing, eine kleine schorfige Stelle an der Wade mit dem Fingernagel abzukratzen, blickte sie weg.

«Woher kennen Sie Joan eigentlich?» fragte sie. «Ich habe Sie nie bei uns gesehen oder so.»

«Bin nie in Ihrem blöden Haus gewesen.»

Ginny wartete, aber er sagte nichts, um diese letzte Feststellung zu mildern.»

«Wo haben Sie sie dann getroffen?» fragte sie.

«Party.»

«Auf einer Party? Wann denn?»

«Ich weiß nicht mehr genau. Weihnachten 42.» Aus der Brusttasche seines Schlafanzuges zog er mit zwei Fingern eine Zigarette, die aussah, als hätte er darauf geschlafen. «Wie wär's, wenn Sie mir mal die Streichhölzer da rüberschmissen?»

Ginny reichte ihm eine Schachtel Streichhölzer, die neben ihr auf einem Tisch lag. Er steckte sich die Zigarette an, ohne sie glattzustreichen. Dann steckte er das abgebrannte Streichholz in die Schachtel zurück. Er beugte den Kopf nach hinten, stieß eine gewaltige Menge Rauch aus, den er durch die Nüstern wieder einzog. In dieser französischen Lungenzugmanier rauchte er weiter. Höchstwahrscheinlich war das nicht die typische Sofanummer eines Angebers; es war eher ein gelungener Trick, den er sich selbst vorführte, wie etwa ein junger Mann, der irgendwann mal probiert, sich mit der linken Hand zu rasieren.

«Warum ist Joan ein Snob?» fragte Ginny.

«Warum? Weil sie einer ist, Verflucht, wie sollte ich wissen, warum?»

«Gut. Aber warum sagen Sie, daß sie einer ist?»

Er wandte sich ihr gelangweilt zu. «Hören Sie mal. Ich hab ihr acht Briefe geschrieben – buchstäblich *acht*. Und sie hat nicht *einen* davon beantwortet.»

Ginny zögerte. «Nun, vielleicht hatte sie keine Zeit.»

«Ja, keine Zeit. Jede verdammte Minute ausgefüllt.»

«Müssen Sie eigentlich soviel fluchen?» fragte Ginny.

«Verflucht, dazu hab ich wohl allen Grund.»

Ginny kicherte. «Wie lange haben Sie sie denn eigentlich gekannt?»

«Lang genug.»

«Nun, haben Sie sie mal angerufen oder so, meine ich? Ich meine, ob Sie sie nicht mal angerufen haben oder so?»

«Nee.»

«Aber um Gottes willen, wenn Sie sie nie angerufen haben, oder . . .»

«Verdammt, ich konnte doch nicht.»

«Warum nicht?»

«War nicht in New York.»

«Oh, wo waren Sie denn?»

«Ich? In Ohio.»

«Oh, Sie waren da auf dem College?»

«Nee. Abgegangen.»

«Oh, dann waren Sie in der Armee?»

«Nee.» Mit der Zigarettenhand tupfte Selenas Bruder auf seine linke Brustseite. «Da tickt's», sagte er.

«Ach, Sie meinen Ihr Herz. Was ist denn damit?»

«Verdammt, ich weiß nicht, was damit los ist. Als Kind hab ich Gelenkrheumatismus gehabt. Verfluchter Schmerz in der . . .»

«Sollten Sie da nicht aufhören zu rauchen? Ich meine, das Rauchen ganz drangeben und so? Meinem Vater hat der Arzt . . .»

«Ach, die verbieten einem viel», sagte er.

Ginny mußte mit Gewalt an sich halten.

«Was haben Sie denn in Ohio gemacht», fragte sie.

«Ich? Hab in so 'ner Scheiß-Flugzeugfabrik gearbeitet.»

«Tatsächlich? Hat's Ihnen denn gefallen?»

«Hat's Ihnen gefallen», äffte er sie nach. «Ich war verrückt drauf. Wo ich doch Flugzeuge regelrecht *anbete*. Sie sind so *schick*.»

Ginny war jetzt zu sehr interessiert, um beleidigt zu sein. «Wie lange haben Sie denn da gearbeitet, in der Flugzeugfabrik?»

«Verdammt, ich weiß nicht. Siebenunddreißig Monate.» Er stand auf und ging zum Fenster hinüber. Er blickte auf die Straße, während er sich mit dem Daumen den Rücken kratzte. «Sehen Sie sich die an», sagte er. «Blöde Narren, alle, wie sie da sind.»

«Wer?» fragte Ginny.

«Ich weiß nicht. Irgendwer.»

«Ihr Finger wird wieder anfangen zu bluten, wenn Sie ihn so hängen lassen», sagte Ginny. Offenbar hatte er ihr zugehört. Er stellte den linken Fuß auf die Fensterbank, legte die verletzte Hand auf den waagerecht liegenden Oberschenkel und blickte weiter auf die Straße hinunter.

«Da gehen sie nun alle zu diesem Scheiß-Wehrmeldeamt», sagte er. «Nächstens fangen wir Krieg mit den Eskimos an. Wußten Sie das schon?»

«Gegen wen?» fragte Ginny.

«Gegen die Eskimos, verdammt noch mal, sperren Sie doch Ihre Ohren auf.»

«Warum denn gegen die Eskimos?»

«Ich weiß doch nicht warum. Woher zum Teufel sollte ich das wissen. Diesmal müssen all die alten Knacker mit. Die Burschen um Sechzig rum. Keiner darf mit, wenn er nicht um die Sechzig ist. Nur werden sie denen 'nen Halbtagskrieg genehmigen . . . Großer Schlager!»

«Aber Sie brauchen doch auf keinen Fall mit», sagte Ginny. Sie meinte es aufrichtig, aber noch bevor sie den Satz ganz ausgesprochen hatte, wußte sie, daß sie genau das Verkehrte gesagt hatte.

«Das weiß ich», sagte er rasch, nahm seinen Fuß von der Fensterbank, öffnete das Fenster einen Spalt breit und schnippte seine Zigarette auf die Straße. Damit war das Fenster für ihn erledigt, und er drehte sich zu ihr um. «Wollen Sie mir 'nen Gefallen tun? Sagen Sie dem Burschen, der jetzt kommt, daß ich in ein paar Sekunden fertig bin. Ich muß mich nur rasch rasieren. Klar?»

Ginny nickte.

«Möchten Sie, daß ich Selena ein bißchen Dampf mache oder so? Weiß sie, daß Sie hier sind?»

«Oh, sie weiß, daß ich hier bin», sagte Ginny. «Ich hab's nicht eilig, vielen Dank.»

Selenas Bruder nickte. Dann warf er einen letzten langen Blick auf seinen verletzten Finger, als wolle er feststellen, ob der Finger die Rückreise in sein Zimmer überstehen würde.

«Warum tun Sie denn kein Pflaster drauf. Haben Sie kein Pflaster oder so was?»

«Nee», sagte er, «machen Sie sich deswegen keinen Kummer.» Und er schritt aus dem Zimmer. Wenige Sekunden später war er wieder da und brachte ihr das halbe Sandwich. «Essen Sie das», sagte er, «es ist prima.»

«Wirklich, ich habe überhaupt keinen . . .»

«Verdammt, nun nehmen Sie's, ich hab kein Gift draufgeschmiert oder so.»

Ginny nahm das halbe Sandwich. «Ich danke Ihnen auch sehr», sagte sie.

«Es ist Huhn drauf», sagte er, blieb neben ihr stehen und beobachtete sie. «Ich hab's gestern abend in so 'nem blöden Delikatessengeschäft gekauft.»

«Es sieht sehr verlockend aus.»

«Nun, dann essen Sie's.»

Ginny biß in das Brot.

«Das schmeckt, was?»

Ginny schluckte mit Anstrengung. «Sehr gut», sagte sie.

Selenas Bruder nickte. Er blickte sich abwesend im Zimmer um und kratzte sich in der Magengrube. «Ich glaub, jetzt zieh ich mich mal an . . . Mein Gott, da klingelt's schon. Ruhig, ruhig – nicht so hastig», und weg war er. Als sie allein war, blickte Ginny sich, ohne aufzustehen, nach einer günstigen Stelle um, wo sie das Sandwich loswerden könnte, aber dann hörte sie jemanden durch die Diele kommen und schob das Brot in die Tasche ihres Polomantels.

Ein junger Mann Anfang Dreißig, weder klein noch groß, betrat das Zimmer. Seine regelmäßigen Züge, sein kurzer Haarschnitt, der Schnitt seines Anzugs, das Muster seiner reinseidenen Krawatte – nichts war geeignet, irgend etwas über ihn auszusagen. Er hätte Redakteur eines Nachrichtenmagazins oder einer von denen sein können, die versuchen, Redakteur eines Nachrichtenmagazins zu werden; er hätte auch in einem Stück auftreten können, dessen letzter Akt in Philadelphia spielte, er hätte Teilhaber einer Rechtsanwaltsfirma sein können.

«Hallo», sagte er herzlich zu Ginny.

«Hallo.»

«Franklin gesehen?» fragte er.

«Er rasiert sich. Er sagte mir, ich solle Sie bitten, zu warten. Er wird gleich fertig sein.»

«*Rasiert* sich schon, du lieber Himmel.»

Der junge Mann blickte auf seine Armbanduhr, setzte sich dann in einen roten Damastsessel, kreuzte die Beine und hob die Hände vors Gesicht. Als habe er eben auf irgendeine Weise seine Augen überanstrengt oder als wäre er von einer allgemeinen Müdigkeit überwältigt, rieb er die geschlossenen Augen mit den ausgestreckten Fingerspitzen. Dann nahm er die Hände von den Augen und sagte: «Das war der fürchterlichste Morgen meines ganzen bisherigen Lebens.» Er bildete die Worte ausschließlich im Kehlkopf, als sei er viel zu erschöpft, um aus tiefergelegenen Quellen Atem für seine Stimme zu holen.

«Was ist denn passiert?» fragte Ginny und blickte ihn an.

«Oh . . . das ist eine viel zu lange Geschichte. Ich pflege nur die Leute zu langweilen, die ich mindestens tausend Jahre lang kenne.» Er starrte mit vagem Mißmut zu den Fenstern hin. «Aber ich werde niemals mehr glauben, daß ich auch nur die allerleiseste Ahnung von der menschlichen Natur habe. Und darauf können Sie mich jederzeit festnageln.»

«Was ist denn passiert?» wiederholte Ginny.

«O Gott, dieser Mensch, mit dem ich monatelang, buchstäblich monatelang, mein Appartement geteilt habe, ich möchte am liebsten gar nicht über ihn sprechen . . . dieser *Schriftsteller*», fügte er mit Genugtuung hinzu, wahrscheinlich erinnerte er sich eines Schimpfwortes aus einem Hemingway-Roman, das ihm besonders gefallen hatte.

«Was hat er denn getan?»

«Offengestanden, ich möchte lieber nicht ins Detail gehen.» Er ignorierte die durchsichtige Zigarettendose auf dem Tisch, nahm eine Zigarette aus seiner eigenen Packung und zündete sie mit seinem eigenen Feuerzeug an. Er hatte große Hände, die weder stark noch geschickt, noch empfindsam wirkten, und doch bewegte er sie, als dienten sie irgendeinem geheimnisvollen ästhetischen Zweck.

«Ich habe mich entschlossen, überhaupt nicht mehr daran zu denken. Aber ich bin zu wütend», sagte er, «ich meine, da sitzt also dieser elende kleine Kerl aus Altona, Pennsylvanien, oder wie das Nest heißen mag. Ganz offensichtlich kurz vor dem Verhungern, und ich bin so freundlich und anständig – ich bin der wahre gute Samariter –, ihn in mein Appartement mitzunehmen, in dieses absolut mikroskopisch kleine Appartement, in dem ich mich selbst kaum rumdrehen kann. Ich stelle ihn allen, aber auch allen meinen Freunden vor, lasse zu, daß er mein ganzes Appartement mit seinen schrecklichen Manuskripten vollstopft, überall seine Zigarettenstummel rumliegen läßt, Radieschen und was weiß ich . . . Ich stelle ihn jedem, aber auch jedem Theaterproduzenten vor, *schleppe* seine dreckigen Hemden zur Wäscherei und wieder zurück, und was ist der Dank dafür . . .» Der junge Mann brach ab, fuhr dann fort: «Und das Ergebnis all meiner Freundlichkeit und Anständigkeit ist, daß er um fünf oder sechs Uhr morgens das Haus verläßt, ohne auch nur die Spur einer Nachricht zu hinterlassen, und in seinen schmutzigen, elenden Händen alles und jedes davonträgt, was nicht niet- und nagelfest ist.» Er machte eine Pause, um an seiner Zigarette zu ziehen, und stieß den Rauch als dünnen, zischenden Strom wieder aus. «Ich möchte nicht darüber reden, wirklich nicht.» Er blickte zu Ginny hinüber. «Sie haben einen schönen Mantel», sagte er. Schon war er aus seinem Sessel aufgestanden, kam quer durchs Zimmer und nahm den Aufschlag von Ginnys Polomantel zwischen die Finger. «Herrlich», sagte er, «das erste wirklich gute Kamelhaar, das ich seit dem Krieg sehe. Darf ich fragen, wo Sie den Mantel herhaben!»

«Meine Mutter hat ihn aus Nassau mitgebracht.»

Der junge Mann nickte gedankenvoll und zog sich wieder auf seinen Stuhl zurück. «Ja», sagte er, «das ist eine der wenigen Städte, wo man *wirklich* gutes Kamelhaar kaufen kann.» Er setzte sich hin. «War sie lange dort?»

«Wie?» fragte Ginny.

«War Ihre Mutter lange dort? Ich frage, weil meine Mutter im Dezember und noch einen Teil des Januars dort war. Normalerweise fahre ich mit ihr runter, aber das letzte Jahr war so durcheinander, daß ich einfach nicht weg konnte . . .»

«Meine Mutter war im Februar unten.»

«Großartig. Wissen Sie, wo sie gewohnt hat?»

«Bei meiner Tante.»

Er nickte. «Darf ich fragen, wie Sie heißen? Ich nehme an, Sie sind eine Freundin von Franklins Schwester.»

«Wir sind in derselben Klasse», sagte Ginny, indem sie nur die zweite Frage beantwortete.

«Sind Sie etwa die berühmte Maxine, von der Selena immer spricht?»

«Nein», sagte Ginny.

Der junge Mann begann plötzlich seine Hosenaufschläge mit der flachen Hand abzureiben. «Ich bin von oben bis unten voller Hundehaare», sagte er. «Mutter fuhr zum Wochenende nach Washington und parkte ihren Köter natürlich in meiner Wohnung. Er ist wirklich ganz goldig, aber so schlecht erzogen. Haben Sie auch einen Hund?»

«Nein.»

«Ich finde es auch grausam, in der Stadt Hunde zu halten.» Er hörte auf zu reiben, lehnte sich zurück und blickte wieder auf seine Armbanduhr. «Solange ich den Jungen kenne, ist er noch nie pünktlich gewesen. Wir wollen uns Cocteaus ‹La belle et la bête› ansehen, und das ist *der* Film, zu dem man pünktlich kommen *muß*. Ich meine, wenn man zu dem zu spät kommt, ist der ganze Charme dahin. Haben Sie ihn gesehen?»

«Nein.»

«Oh, Sie müssen ihn sehen. Ich habe ihn schon achtmal gesehen. Er ist tatsächlich genial», sagte er. «Schon seit Monaten versuche ich, Franklin reinzukriegen.» Er schüttelte verzweifelt den Kopf. «Der hat einen Geschmack! Während des Kriegs, als wir beide in derselben schrecklichen Fabrik arbeiteten, bestand dieser Junge einfach darauf, mich in die unmöglichsten Filme zu schleppen. Wir sahen uns Gangsterfilme an, Wildwestfilme, sogar Musicals . . .»

«Haben Sie auch in der Flugzeugfabrik gearbeitet?» fragte Ginny.

«Mein Gott, ja. Jahre und aber Jahre. Bitte, wir wollen nicht davon sprechen.»

«Haben Sie auch einen Herzfehler?»

«Um Gottes willen, nein. Unberufen, toi, toi, toi!» Er klopfte zweimal auf die hölzerne Lehne des Sessels. «Ich habe die Natur eines . . .»

Als Selena das Zimmer betrat, stand Ginny auf und ging ihr auf halbem Weg entgegen. Selena hatte sich umgezogen, sie trug jetzt ein Kleid statt der Shorts, eine Tatsache, über die sich Ginny normalerweise geärgert hätte. «Entschuldige, daß ich dich habe warten lassen», sagte Selena heuchlerisch. «Aber ich mußte warten, bis meine Mutter wach wurde . . . Hallo, Eric!»

«Hallo, hallo!»

«Egal», sagte Ginny, «ich will das Geld sowieso nicht.»

Sie sprach leise, so daß nur Selena sie verstehen konnte.

47

«Wie?»

«Ich hab's mir überlegt. Ich meine, du bringst immer die Tennisbälle mit und so, schon die ganze Zeit. Das hatte ich nicht bedacht.»

«Aber du sagtest doch, weil ich die Bälle nicht zu bezahlen brauchte . . .»

«Bring mich zur Tür», sagte Ginny. Sie ging voran, ohne sich von Eric zu verabschieden.

«Aber ich dachte, du wolltest heute ins Kino gehen und brauchtest das Geld und so», sagte Selena draußen in der Diele.

«Ich bin zu müde», sagte Ginny. Sie bückte sich und nahm ihre Tennissachen auf. «Hör mal, ich ruf dich nach dem Essen an. Hast du heute abend etwas Besonderes vor, oder kann ich vielleicht mal rüberkommen?»

Selena blickte sie erstaunt an. «O. K.», sagte sie.

Ginny öffnete die Wohnungstür, ging zum Aufzug und drückte auf den Bedienungsknopf. «Ich bin deinem Bruder begegnet», sagte sie.

«Ach. Das ist ein Original, was?»

«Was tut er eigentlich?» sagte Ginny wie nebenbei. «Ich meine, arbeitet er oder so?»

«Er ist gerade entlassen. Papa möchte, daß er wieder aufs College geht, aber er will nicht.»

«Warum will er denn nicht?»

«Ich weiß nicht, er sagt, er ist zu alt und so.»

«Wie alt ist er denn?»

«Ich weiß nicht. Vierundzwanzig.»

Der Aufzug kam, und die Türen gingen auf.

«Ich ruf dich nachher an», sagte Ginny.

Als sie draußen war, ging sie westwärts auf die Lexington Avenue zu, um den Bus zu erreichen. Zwischen der Dritten und der Lexington Avenue griff sie in die Manteltasche, um die Geldbörse herauszunehmen, und fand das halbe Sandwich. Sie nahm es heraus, ließ schon den Arm sinken, um es auf die Straße fallen zu lassen, steckte es aber dann in die Tasche zurück. Vor ein paar Jahren hatte sie drei Tage gebraucht, um das Küken loszuwerden, das sie tot im Sägemehl auf dem Boden ihres Papierkorbs gefunden hatte.

Der Lachende Mann

Im Jahre 1928, als ich neun Jahre alt war, gehörte ich mit großer Begeisterung einer Organisation an, die sich Comanchenclub nannte. Jeden Werktagnachmittag um drei Uhr wurden wir 25 Comanchen am Jungenausgang der Volksschule 165 in der 109. Straße nahe der Amsterdam-Avenue von unserem Häuptling abgeholt. Wir erkämpften uns boxend und schubsend einen Platz im umgebauten Lieferwagen unseres Häuptlings, und dann fuhr er uns (laut finanziell geregelter Abmachung mit unseren Eltern) zum Centralpark. Für den Rest des Nachmittags spielten wir, wenn das Wetter es zuließ, Football, Soccer oder Baseball, wobei die Wahl des Spiels (ziemlich vage) von der Jahreszeit abhing. An regnerischen Nachmittagen schleppte uns der Häuptling entweder ins Naturgeschichtliche Museum oder in die Städtische Kunsthalle – andere Variationen kannte er nicht. Samstags und an anderen schulfreien Tagen holte uns der Häuptling schon früh am Morgen an unseren verschiedenen Wohnblocks ab und fuhr uns mit seinem Bus, der nach Autofriedhof aussah, aus Manhattan heraus in die vergleichsweise geräumigen Gefilde des Van Cortlandt-Parks oder zu den «Palisaden». Wenn uns der Sinn nach hartem Männersport stand, fuhren wir in den Van Cortlandt-Park, wo die Plätze die vorgeschriebenen Maße hatten und wo die Gegenpartei nicht durch einen Kinderwagen oder eine zornige alte Dame mit Krückstock verstärkt werden konnte. Aber wenn unsere Comanchenherzen auf Lagerleben sannen, fuhren wir zu den Palisaden und tobten uns aus. (Ich erinnere mich, daß ich mich eines Samstagmorgens auf dem tückischen Gelände zwischen der Reklame für Linit-Seife und der westlichen Auffahrt der George-Washington-Brücke verirrte. Ich ließ den Mut nicht sinken, setzte mich einfach in den majestätischen Schatten einer riesigen Plakatwand und öffnete, wenn auch den Tränen nahe, meine Butterbrotdose in der Hoffnung, daß der Häuptling mich schon finden würde. Der Häuptling fand uns immer.)

Wenn er Feierabend von den Comanchen machte, hieß der Häuptling John Gedsudski. Er wohnte in Staten Island, war ein außerordentlich schüchterner, freundlicher junger Mann von zwei- oder dreiundzwanzig, Student der Rechte an der New Yorker Universität und insgesamt eine unvergeßliche Persönlichkeit. Ich will gar nicht versuchen, hier all seine Fähigkeiten und Tugenden aufzuzählen. Es sei nur nebenbei erwähnt, daß er bei den Pfadfindern im Rang eines Adlers stand und daß er 1926 beinahe als einer der besten Football-Verteidiger des Jahres gewählt worden wäre, und es war bekannt, daß man ihm sehr herzlich einen Probevertrag bei dem Baseball-Team der «New York Gigants» angeboten hatte. Er war ein unparteiischer Schiedsrichter, der bei all unseren wilden Wettkämpfen nie die Nerven verlor; er war ein Meister im Feueranmachen und Feuerausmachen und ein erfahrener, mitfühlender Erste-Hilfe-Mann. Wir alle, vom kleinsten Bengel bis zum größten, liebten und verehrten ihn.

Des Häuptlings äußere Erscheinung im Jahre 1928 steht mir noch klar vor Augen. Wenn Wünsche sich in Zentimeter verwandeln könnten, würden wir Comanchen ihn zu einem Riesen gemacht haben. Aber wie die Dinge nun einmal liegen: er war stämmig, einsachtundfünfzig oder -neunundfünfzig und keinen Zentimeter darüber. Sein Haar war blauschwarz, der Haaransatz außergewöhnlich niedrig, die Nase groß und glänzend, und sein Rumpf war fast so lang wie seine Beine. In seiner ledernen Windjacke sahen die Schultern mächtig aus und doch schmal und hängend. Doch kam es mir so vor, als vereinten sich in unserem Häuptling auf eine harmonische Weise alle fotogenen Züge von Buck Jones, Ken Maynard und Tom Mix.

An den Nachmittagen aber, da es schon so früh dunkel wurde, daß die verlierende Mannschaft genug Vorwände hatte, um ein paar todsichere Chancen im Baseball oder Football zu verpassen, machten wir Comanchen ausgiebig und selbstsüchtig Gebrauch von des Häuptlings Fähigkeit zum Geschichtenerzählen. Wenn es soweit war, waren wir gewöhnlich ein erhitzter, zänkischer Haufen, und jeder versuchte mit Fäusten und schrillem Geschrei im Bus einen Sitzplatz in der Nähe des Häuptlings zu erkämpfen. (Der Bus hatte zwei längslaufende, strohgepolsterte Sitzreihen. Die linke Reihe hatte drei Extrasitze, die besten im Bus, weil sie so weit nach vorn reichten, daß man den Fahrer im Profil sehen konnte.) Der Häuptling bestieg den Bus erst, wenn wir alle einen Platz gefunden hatten, dann setzte er sich rittlings auf seinen Fahrersitz und erzählte uns mit seiner dünnen, aber modulationsfähigen Stimme die nächste Fortsetzung vom *«Lachenden Mann»*. Wenn er erst einmal angefangen hatte, erlosch unsere Spannung nicht mehr. Der «*Lachende Mann*» war genau die richtige Geschichte für einen Comanchen. Vielleicht hatte sie sogar klassische Ausmaße. Es war eine Geschichte, die sich im Raum verteilte und die doch als Ganzes transportfähig blieb. Man konnte sie immer mit nach Hause nehmen und über sie nachdenken, etwa wenn man in der Badewanne saß, während das Wasser abfloß.

Der Lachende Mann, einziger Sohn eines wohlhabenden Missionsehepaares, war als ganz kleines Kind von chinesischen Banditen geraubt worden. Als das reiche Missionsehepaar sich (aus religiösen Gründen) weigerte, das Lösegeld für seinen Sohn zu zahlen, steckten die Banditen, die sich außerordentlich pikiert fühlten, den Kopf des Kleinen in einen Schraubstock und drehten den Hebel ein paarmal nach rechts. Das Opfer dieser originellen Methode wuchs zum Mann heran mit einem haarlosen, eichelförmigen Schädel und einem Gesicht, das unterhalb der Nase statt eines Mundes eine riesige ovale Höhle aufwies. Die Nase selbst bestand aus zwei von Fleischlappen verdeckten Nüstern. Die Folge war, daß, wenn der Lachende Mann atmete, die gräßliche, traurige Höhlung unterhalb seiner Nase sich öffnete und zusammenzog (so stelle ich es mir jedenfalls vor) wie eine monströse Vakuole. (Der Häuptling erklärte die Atemtechnik des Lachenden Mannes nicht, sondern machte sie uns vor.) Wenn Fremde das schreckliche Gesicht des Lachenden Mannes sahen, fielen sie in Ohnmacht. Menschen, die ihn kannten, mieden ihn. Merkwürdigerweise ließen die Banditen ihn in ihrem Hauptquartier herumlaufen, solange er sein Gesicht mit einer blaßroten, dünnen Maske aus Mohnblütenblättern bedeckt hielt. Diese Maske ersparte den Banditen nicht nur den Anblick ihres Pflegesohnes, sie zeigte ihnen auch jeweils an, wo er sich herumtrieb; denn den Umständen entsprechend roch er natürlich nach Opium.

In seiner schrecklichen Verlassenheit stahl sich der Lachende Mann jeden Morgen davon (er bewegte sich so leichtfüßig und geschickt wie eine Katze) und ging in den dichten Wald, der den Schlupfwinkel der Banditen umgab. Hier freundete er sich mit den Tieren jeglicher Art und Anzahl an: mit Hunden, weißen Mäusen, Adlern, Löwen, Riesenschlangen und Wölfen. Und dann nahm er seine Maske ab und sprach mit ihnen, leise, melodisch, in ihrer eigenen Sprache. Für die Tiere war er nicht häßlich.

(Um mit seiner Geschichte so weit zu kommen, brauchte der Häuptling einige Monate. Von diesem Punkt an wurde der Häuptling zur hellen Begeisterung der Comanchen immer kühner in seinen Erfindungen.)

Der Lachende Mann brauchte nur sein Ohr auf die Erde zu legen, und im Handumdrehen hatte er die wichtigsten Handelsgeheimnisse der Banditen raus. Er hielt nicht viel von ihren Tricks und ging kurzentschlossen dazu über, ein eigenes, viel erfolgreicheres System auszutüfteln. Zunächst begann er, sich in bescheidenem Umfang als «freischaffender» Räuber und Wegelagerer im chinesischen Binnenland zu betätigen; wenn es aber unbedingt notwendig war, mordete er auch.

Sein krimineller Einfallsreichtum und seine Liebe für Fairneß sicherten ihm bald einen warmen Platz im Herzen des Volkes. Merkwürdigerweise waren seine Pflegeeltern (die Banditen), die ihn auf die Idee gebracht hatten, Räuber zu werden, ungefähr die letzten, die von seinen Unternehmungen Wind bekamen. Als sie es dann erfuhren, befiel sie rasende Eifersucht. Eines Nachts, als sie glaubten, ihn durch einen Trunk in tiefen Schlaf versetzt zu haben, gingen sie alle im Gänsemarsch an seinem Bett vorüber und stachen mit ihren Buschmessern auf die Gestalt ein, die unter der Decke lag. Es stellte sich heraus, daß das Opfer die Mutter des Räuberhauptmanns war, eine unerfreuliche alte Hexe. Dieser Zwischenfall verschärfte den Durst der Räuber nach des Lachenden Mannes Blut, und so blieb ihm nichts anderes übrig, als den ganzen Verein in ein sehr tiefes, aber hübsch eingerichtetes Mausoleum einzuschließen. Zwar gelang es ihnen, von Zeit zu Zeit zu entfliehen und ihm einige Schwierigkeiten zu bereiten, aber sie zu töten weigerte er sich. (Dieser mitleidige Zug im Charakter des Lachenden Mannes konnte mich manchmal zum Wahnsinn treiben.)

Bald darauf wechselte der Lachende Mann regelmäßig über die chinesische Grenze nach Paris, Frankreich, wo er mit großem Vergnügen seine hohe Intelligenz, auf die er sich jedoch nichts einbildete, vor dem weltberühmten Detektiv Marcel Dufarge spielen ließ, der schwindsüchtig und sehr geistreich war. Dufarge und seine Tochter (ein bildhübsches Mädchen mit transvestitischen Neigungen) wurden bald des Lachenden Mannes erbittertste Feinde. Immer wieder versuchten sie, den Lachenden Mann in eine Falle zu locken, aus purem Vergnügen tat er manchmal so, als ginge er ihnen auf den Leim, verschwand dann plötzlich, manchmal hinterließ er einen nicht einmal annähernd glaubwürdigen Hinweis auf seine Fluchtmethode. Nur hin und wieder hinterließ er im Pariser Kanalsystem einen spöttischen kleinen Abschiedsbrief, der jedesmal prompt Dufarge vor die Füße geschwemmt wurde. Die Dufarges verschwendeten unendlich viel Zeit damit, durch das Pariser Kanalsystem zu waten.

Bald hatte der Lachende Mann das größte Privatvermögen der Welt zusammengerafft. Den größten Teil davon stiftete er anonym den Mönchen eines chinesischen Klosters – demütigen Asketen, die ihr Leben der Aufzucht deutscher Polizeihunde gewidmet hatten. Den Rest seines Vermögens legte der Lachende Mann in Diamanten an, die er gelegentlich in Smaragdbehältern im Schwarzen Meer versenkte. Für sich persönlich brauchte er fast nichts; er lebte fast ausschließlich von Reis und Adlerblut, wohnte in einer winzigen Hütte, unter der sich eine

Sporthalle und ein Schießstand befanden, an der sturmgepeitschten Küste von Tibet. Vier blindergebene Gefährten lebten bei ihm: ein glatthaariger Timberwolf mit Namen «Schwarze Schwinge», ein freundlicher Zwerg namens Omba, ein riesiger Mongole namens Hong, dem Weiße die Zunge ausgebrannt hatten, und ein prachtvolles eurasisches Mädchen, das aus unerwiderter Liebe zum Lachenden Mann und aus dem Gefühl tiefer Verantwortung für seine persönliche Sicherheit manchmal recht überraschende Ansichten über Verbrechen entwickelte. Der Lachende Mann erteilte seine Befehle an diese Mannschaft durch einen schwarzen Seidenschirm hindurch. Nicht einmal Omba, dem freundlichen Zwerg, war es erlaubt, sein Gesicht zu sehen.

Ich könnte – notfalls mit Gewalt – den Leser noch stundenlang hin und her über die chinesisch-französische Grenze hetzen, aber ich werde es nicht tun. Ich betrachte nämlich den Lachenden Mann als eine Art von supererhabenem Vorfahren – sozusagen eine Art Robert E. Lee, dessen ihm zugeschriebenen Tugenden weder durch Blut noch durch Wasser auszulöschen sind. Und diese Vorstellung ist noch sehr gemäßigt, verglichen mit der, die ich 1928 hatte, als ich mich nicht nur für des Lachenden Mannes unmittelbaren Abkömmling hielt, sondern für seinen einzigen lebenden legitimen Sproß. Ich war 1928 nicht meiner Eltern Sohn, sondern ein höllisch schlauer Betrüger, der nur auf einen kleinen Fehler von ihnen wartete, um dann – möglichst ohne, aber notfalls auch mit Gewalt – seine wahre Identität zu beanspruchen. Um jedoch das Herz meiner Scheinmutter nicht zu brechen, plante ich, ihr in meinem Unterweltreich eine nicht näher bezeichnete, aber angemessene königliche Stellung zu geben. Aber das wichtigste, was ich 1928 zu tun hatte, war, mit äußerster Vorsicht vorzugehen. Ich mußte meine Rolle weiterspielen, meine Zähne putzen, das Haar kämmen, ich mußte um jeden Preis das mir angeborene gräßliche Lachen unterdrücken.

Tatsächlich war ich nicht der einzige legitime Nachkomme des Lachenden Mannes. Es gab 25 Comanchen im Club, also 25 legitime Nachkommen des Lachenden Mannes, und wir alle streiften unheilschwanger und unerkannt durch die Stadt, registrierten im Geiste Fahrstuhlführer als mögliche Erzfeinde, flüsterten zungenfertig aus dem Mundwinkel Befehle in die Ohren von Cocker-Spaniels, zielten mit dem Zeigefinger auf die Stirnen von Rechenlehrern, bis ihnen die Schweißperlen hervorbrachen, und warteten auf eine annehmbare Chance, Schrecken und Bewunderung im nächstbesten braven Bürgerherzen zu erwekken.

Eines Nachmittags im Februar, kurz nachdem die Baseballsaison für die Comanchen angefangen hatte, fiel mir im Häuptlingsbus ein neuer Ausstattungsgegenstand auf. Oberhalb des Rückspiegels über der Windschutzscheibe hing die kleine gerahmte Fotografie eines Mädchens in Collegetracht. Mir schien das Bild eines Mädchens nicht zu dem rein männlichen Air des Busses zu passen, und ich fragte den Häuptling unverblümt, wer das sei. Er wand sich erst, gab aber dann zu, daß es ein Mädchen sei. Ich fragte ihn nach ihrem Namen, und er antwortete verlegen: «Mary Hudson.» Ich fragte ihn, ob sie beim Film sei oder so. Er sagte nein, sie besuche das Wellesley College, und nach einer Pause fügte er hinzu, das Wellesley sei ein ganz erstklassiges College. Ich fragte ihn, warum er denn ihr Bild im Bus hängen habe. Er zuckte leicht die Schultern, um, wie mir schien, anzudeuten, daß ihm das Foto mehr oder weniger aufgezwungen worden sei.

Während der nächsten Wochen wurde das Foto – ob es nun dem Häuptling mit Gewalt oder zufällig aufgezwungen worden war – nicht aus dem Bus entfernt. Es ging nicht denselben Weg wie das Einwickelpapier der «Baby Ruth»-Schokolade und der zu Boden gefallenen Lakritzschnüre, aber schließlich gewöhnten wir Comanchen uns daran. Mit der Zeit nahm es den unpersönlichen Charakter eines Tachometers an.

Doch eines Tages, als wir auf dem Weg zum Park waren, stoppte der Häuptling den Bus am Bordstein der Fifth Avenue, ungefähr an der Hausnummer 60, gut eine halbe Meile hinter unserem Baseballfeld. Einige zwanzig der hinten Sitzenden forderten sofort eine Erklärung für dieses Verhalten, aber der Häuptling gab keine ab. Statt dessen setzte er sich einfach in seine Erzählerpositur und begann mit Schwung eine neue Fortsetzung des *Lachenden Mannes*. Er hatte kaum angefangen, als jemand an die Bustür klopfte. An diesem Tag reagierte der Häuptling mit der Empfindlichkeit eines Seismographen. Er warf sich in seinem Sitz herum, riß fast den Türgriff ab, und ein Mädchen in einem Bibermantel kletterte in den Bus.

Auf Anhieb könnte ich nur drei Mädchen in meinem Leben nennen, von deren Schönheit, obwohl diese in keine Norm paßte, ich auf den ersten Blick betroffen war. Eins davon war ein mageres Mädchen in einem schwarzen Badeanzug, das sich am Jones-Strand mit einem orangefarbenen Sonnenschirm abmühte. Das war um 1936 herum. Das zweite war ein Mädchen an Bord eines Vergnügungsdampfers in der Karibischen See im Jahre 1939, das mit seinem Feuerzeug nach einem Tümmler warf, und das dritte war Mary Hudson, das Mädchen unseres Häuptlings.

54

«Bin ich sehr spät?» fragte sie den Häuptling und lächelte ihn an.

Sie hätte ebensogut fragen können, ob sie häßlich wäre.

«Nein», sagte der Häuptling. Ein bißchen aufgeregt blickte er zu den Comanchen hinüber, die in seiner Nähe saßen, und gab der ersten Reihe ein Zeichen, Platz zu machen. Mary Hudson setzte sich zwischen mich und einen Jungen namens Edgar Soundso, dessen Onkel mit einem Schnapsschmuggler innig befreundet war. Mehr Platz, als wir Mary einräumten, hatte die Welt nicht zu bieten. Dann fuhr der Bus mit einem seltsam anfängerhaften Ruck an. Nicht ein Comanche gab auch nur den leisesten Laut von sich.

Als wir zu unserem gewohnten Parkplatz zurückfuhren, beugte Mary Hudson sich im Sitzen vor und gab dem Häuptling eine lebhafte Beschreibung der Züge, die sie verpaßt, und des Zuges, den sie nicht verpaßt hatte. Sie wohnte in Douglaston, Long Island. Der Häuptling war sehr nervös. Nicht nur, daß er unfähig schien, etwas zum Gespräch beizutragen, er schien ihren Worten kaum folgen zu können. Ich erinnere mich, daß er den Knopf der Gangschaltung plötzlich lose in der Hand hatte.

Als wir ausstiegen, schloß Mary Hudson sich uns an. Als wir das Baseballfeld endlich erreicht hatten, zeigten alle Comanchengesichter den Manche-Mädchen-wissen-einfach-nicht-wann-man-gehen-muß-Ausdruck, und als ich mit einem anderen Comanchen eine Münze warf, um die Seiten auszulosen, trieb Mary Hudson die Sache auf die Spitze: Sie äußerte schelmisch den Wunsch mitzuspielen. Die Reaktion darauf hätte nicht eindeutiger sein können. Bisher hatten wir ihre Weiblichkeit einfach angestarrt, jetzt wurde unser Blick wütend. Sie lächelte zu uns hin, das machte uns etwas verlegen. Dann nahm der Häuptling die Sache in die Hand, und da zeigte sich, was er bisher geschickt verborgen hatte: daß es Dinge gab, mit denen auch er nicht fertig wurde. Er führte Mary Hudson außer Hörweite der Comanchen und sprach, wie es schien, ernst und vernünftig auf sie ein. Schließlich unterbrach Mary ihn, und was sie sagte, war für die Comanchen deutlich zu verstehen: «Aber ich möchte es», sagte sie, «ich möchte unbedingt mitspielen.» Der Häuptling nickte und versuchte es noch einmal. Er wies auf das Spielfeld, das schlammig und voller Pfützen war. Er hob ein Schlagholz auf, um ihr zu zeigen, wie schwer es war. «Das macht mir gar nichts», sagte Mary Hudson entschieden. «Ich hab den weiten Weg nach New York gemacht, zum Zahnarzt und so, und ich will jetzt spielen.» Der Häuptling nickte wieder und gab es auf. Er kam langsam zum Grundziel herüber, wo die «Kämpfer» und die «Krieger», die beiden Comanchenmannschaften warteten, und blickte mich an. Ich war Mannschaftsführer der «Krieger». Er nannte den Namen meines Mittelfeldspielers, der krank zu Hause geblieben war, und schlug vor, daß Mary Hudson an seiner Stelle spiele. Ich sagte, ich könne ohne ihn spielen. Der Häuptling fragte mich, warum zum Teufel ich mir einbildete, ich könne ohne ihn spielen. Ich war betroffen. Es war das erste Mal, daß ich den Häuptling fluchen hörte. Und was noch schlimmer war, ich spürte, daß Mary Hudson mich anlächelte. Um meine Würde zu wahren, hob ich einen Stein auf und warf ihn gegen einen Baum. Wir hatten zuerst Feldposition. In der ersten Runde tat sich im Mittelfeld nichts. Von meiner Stellung an Ziel eins aus warf ich ab und zu einen Blick nach hinten. Jedesmal, wenn ich mich umdrehte, winkte Mary Hudson mir fröhlich zu. Sie trug einen Fängerhandschuh, darauf hatte sie eisern bestanden, es war ein schrecklicher Anblick.

Mary Hudson kam als letzte unserer Mannschaft zum Schlag. Als ich ihr diese Reihenfolge mitteilte, zog sie ein Gesicht und sagte: «Dann beeilt euch aber.» Und wir schienen uns wirklich zu beeilen. Sie kam in der ersten Runde zum Schlag.

Zu dieser Gelegenheit zog sie ihren Bibermantel und den Fanghandschuh aus und kam in einem dunkelbraunen Kleid zum Start. Als ich ihr ein Schlagholz reichte, fragte sie mich, warum es denn *so* schwer sei. Der Häuptling verließ seinen Schiedsrichterposten hinter dem Werfer und kam besorgt zu uns herüber. Er sagte Mary Hudson, sie solle das Ende des Holzes auf ihre rechte Schulter stützen. «Das tue ich ja», sagte sie. Er sagte ihr, sie solle das Holz nicht so krampfhaft umklammern. «Das tue ich ja gar nicht», sagte sie. Er sagte, sie solle den Ball genau im Auge behalten. «Das mach ich schon. Geh mir jetzt aus dem Weg.» Sie holte mächtig aus, traf den ersten ihr zugeworfenen Ball und schlug ihn über den Kopf des Gegners im linken Feld hinweg. Das hätte normalerweise bis Ziel zwei gereicht, aber Mary Hudson kam damit bequem bis Ziel drei – aufrecht stehend.

Als meine Überraschung sich legte, dann meine Ehrfurcht, dann mein Entzücken, blickte ich zum Häuptling hinüber. Er schien nicht mehr hinter dem Werfer zu stehen, er schien über ihm zu schweben, er war ein vollkommen glücklicher Mensch. Drüben von Ziel drei aus winkte Mary Hudson mir zu, und ich winkte zurück. Von ihrer Schlagtechnik ganz abgesehen – dieses Mädchen wußte, wie man jemandem von Ziel drei aus zuwinkt. Für den Rest des Spiels war jeder ihrer Schläge erfolgreich. Aus irgendeinem Grund schien sie Ziel eins zu hassen, man konnte sie dort nicht halten, wenigstens dreimal kam sie ans zweite. Im Feld selbst war sie miserabel, aber wir machten so viele Läufe, daß wir es kaum merkten. Ich glaube, es wäre besser gewesen, wenn sie beim Fangen diesen Fängerhandschuh ausgezogen hätte. Aber sie war nicht dazu zu bewegen, sie fand ihn so schick.

In den nächsten Monaten spielte sie mehrmals in der Woche Baseball mit den Comanchen (offenbar immer dann, wenn sie zum Zahnarzt mußte). Manchmal war sie pünktlich am Bus, manchmal verspätete sie sich. Manchmal quatschte sie im Bus das Blaue vom Himmel herunter, manchmal saß sie nur da und rauchte ihre Herbert Tareyton-Zigaretten (mit Korkmundstück). Wenn man im Bus neben ihr saß, roch man ihr wunderbares Parfum.

An einem winterlichen Apriltag um drei Uhr nachmittags hatte der Häuptling seine übliche Sammeltour in der 109. und der Amsterdam-Avenue beendet, drehte den vollbesetzten Bus ostwärts in die 110. Straße und fuhr gewohnheitsgemäß die Fifth Avenue hinunter. Sein Haar war angefeuchtet und straff zurückgekämmt, er trug an Stelle seiner ledernen Windjacke einen Mantel, und so vermutete ich logischerweise, daß Mary Hudson zu uns stoßen würde. Als wir an unserem gewöhnlichen Eingang vorbeifuhren, war ich dessen sicher. Der Häuptling parkte den Bus, wie er es bei solchen Gelegenheiten immer tat, an einer Ecke, ungefähr bei der Hausnummer 60. Und um den Comanchen das Warten zu versüßen, setzte er sich rittlings auf seinen Sitz und begann eine neue Fortsetzung des «Lachenden Mannes». Ich erinnere mich dieses Kapitels sehr genau und will es hier kurz wiedergeben.

Ein Zusammentreffen mehrerer unglücklicher Umstände trieb den besten Freund des Lachenden Mannes, den Timberwolf Schwarze Schwinge körperlich und geistig in eine Falle, die die Dufarges ihm gestellt hatten. Da die Dufarges wußten, wie unbedingt die Freundestreue des Lachenden Mannes war, boten sie ihm die Freiheit von Schwarze Schwinge gegen seine eigene. Voller Vertrauen auf ihre Redlichkeit nahm der Lachende Mann diese Bedingung an. (Aus geheimnisvollen Gründen versagte sein hoher Genius manchmal in geringfügigeren Fragen.) Es wurde abgemacht, daß der Lachende Mann um Mitternacht die Dufarges in einem bestimmten Abschnitt des dichten Waldes, der Paris umgab, treffen sollte und daß dort bei Mondlich Schwarze Schwinge freigelassen werden sollte. Natürlich dachten die Dufarges gar nicht daran, Schwarze Schwinge, den sie fürchteten und haßten, freizulassen. An dem Abend, an dem der Tausch stattfinden sollte, brachten sie einen anderen Timberwolf, dessen linke Hinterpfote sie vorher weiß gefärbt hatten, damit er genau wie Schwarze Schwinge aussah.

Aber mit zweierlei hatten die Dufarges nicht gerechnet: mit des Lachenden Mannes Sentimentalität und seiner Kenntnis der Timberwolfsprache. Nachdem er Dufarges Tochter erlaubt hatte, ihn mit Stacheldraht an einen Baum zu binden, spürte er das Bedürfnis, seine herrliche, melodiöse Stimme zu erheben und ein paar Abschiedsworte an den zu richten, den er für seinen alten Freund hielt. Der Austauschwolf, der nur ein paar mondhelle Meter entfernt stand, war sehr beeindruckt von der Sprachkenntnis dieses Fremden und lauschte zunächst höflich diesen letzten persönlichen und beruflichen Anordnungen, die der Lachende Mann erteilte. Aber dann wurde er ungeduldig und begann sein Gewicht von einer Pfote auf die andere zu verlagern. Plötzlich unterbrach er den Lachenden Mann fast unhöflich und teilte ihm mit, daß er erstens weder Dunkle noch Schwarze Schwinge, noch Graubein, noch irgendeinen Namen dieser Art trüge, sondern daß er Armand heiße und daß er zweitens noch nie in seinem Leben in China gewesen sei und auch nicht die leiseste Absicht habe, dorthin zu gehen.

In gerechtem Zorn stieß der Lachende Mann mit der Zunge seine Maske zurück und zeigte den Dufarges im Mondlich sein unbedecktes Gesicht. Mademoiselle Dufarge fiel vor Schrecken ohnmächtig hin, ihr Vater hatte mehr Glück, er hatte gerade einen Hustenanfall und verpaßte daher diese tödliche Enthüllung. Als sein Anfall vorüber war und er seine Tochter wie tot auf dem mondbeschienenen Boden liegen sah, machte er sich seinen Reim darauf, hielt sich die Hand vor die Augen und feuerte das ganze Magazin seiner Maschinenpistole dorthin, wo er den schweren, fauchenden Atem des Lachenden Mannes hörte.

Hier hörte die Fortsetzung auf.

Der Häuptling zog seine Ein-Dollar-Uhr aus der Tasche, warf einen Blick darauf, drehte sich in seinem Sitz um und ließ den Motor an. Ich blickte auch auf meine Uhr. Es war fast halb fünf, und als der Bus sich langsam in Bewegung setzte, fragte ich den Häuptling, ob er nicht auf Mary Hudson warten wollte. Er gab keine Antwort, und noch bevor ich meine Frage wiederholen konnte, wandte er den Kopf und sagte zu uns allen: «Jetzt aber mal Ruhe in diesem verdammten Bus.» Was sonst dieser Befehl auch gewesen sein mag, er war vollkommen unlogisch: Es war totenstill im Bus, es war die ganze Zeit über still gewesen. Fast alle dachten an die Lage, in der wir den Lachenden Mann zurückgelassen hatten. Wir machten uns längst keine Sorgen mehr um ihn, dafür setzten wir zuviel Vertrauen in ihn, aber wir waren nicht so abgebrüht, daß uns nicht jede gefährliche Lage, in die er geriet, den Atem verschlagen hätte. In der dritten oder vierten Runde unseres Baseballspiels erblickte ich plötzlich vom Ziel aus Mary Hudson. Sie saß etwa hundert Meter links von mir auf einer Bank, eingezwängt zwischen zwei Mädchen mit Kinderwagen. Sie trug ihren Bibermantel, rauchte eine Zigarette und es sah so aus, als ob sie unserem Spiel zusähe. Ich war ganz aufgeregt über meine Entdeckung und schrie die Neuigkeit dem Häuptling zu, der hinter dem Werfer stand. Er kam eilig zu mir herüber, fast lief er. «Wo?» fragte er. Ich zeigte mit dem Finger dorthin. Er starrte einen Moment in diese Richtung, dann sagte er, er sei gleich zurück, und verließ das Spielfeld. Er ging langsam, knöpfte im Gehen seinen Mantel auf und steckte die Hände in die Hüfttaschen seiner Hose. Ich setzte mich in Ziel eins hin und beobachtete ihn. Als der Häuptling Mary Hudson erreicht hatte, war sein Mantel wieder zugeknöpft und seine Hände hingen an den Seiten herab.

Er stand über sie gebeugt und sprach etwa fünf Minuten auf sie ein. Dann stand Mary Hudson auf, und sie kamen beide auf das Baseballfeld zu. Sie sprachen nicht miteinander und blickten sich auch nicht an. Als sie das Feld erreicht hatten, nahm der Häuptling seine Stellung hinter dem Werfer wieder ein. Ich schrie ihm zu: «Spielt sie nicht mit?» Er rief mir zu, ich solle besser aufs Spiel achten, und ich achtete besser aufs Spiel und beobachtete Mary Hudson. Sie ging langsam hinter das Grundziel, die Hände in den Taschen ihres Bibermantels, und setzte sich dann auf eine falsch placierte Bank hinter Ziel drei. Sie zündete sich noch eine Zigarette an und schlug die Beine übereinander.

Als die «Krieger» am Schlag waren, ging ich zu ihr hinüber und fragte sie, ob sie nicht Lust habe, im linken Feld zu spielen. Sie schüttelte den Kopf. Ich fragte sie, ob sie erkältet sei, sie schüttelte wieder den Kopf. Ich sagte ihr, ich hätte keinen fürs linke Feld, ich sagte ihr, ich hätte nur einen Mann, der im linken und im Mittelfeld zugleich spielen müsse. Nicht die Spur einer Antwort auf die Mitteilung. Ich warf meinen Fängerhandschuh in die Luft und versuchte, ihn mit dem Kopf aufzufangen, aber er landete in einer Pfütze. Ich wischte ihn an meiner Hose ab und fragte Mary Hudson, ob sie Lust habe, mal zum Abendessen zu mir nach Hause zu kommen. Ich sagte ihr, der Häuptling komme oft. «Laß mich in Ruhe», sagte sie, «bitte, laß mich in Ruhe.» Ich starrte sie an und ging dann in Richtung der Bank der «Krieger» davon, ich nahm eine Apfelsine aus der Tasche und warf sie in die Luft. Als ich die Straflinie von Ziel drei halbwegs hinter mir hatte, drehte ich mich um und fing an rückwärts zu gehen, sah dabei zu Mary Hudson hin und hielt meine Apfelsine fest. Ich wußte nicht, was zwischen dem Häuptling und Mary Hudson vorging (ich weiß es bis heute nicht – oder nur auf eine unterbewußte, gefühlsmäßige Weise), aber trotzdem wußte ich mit absoluter Sicherheit, daß Mary Hudson für immer aus der Comanchenmannschaft ausgebrochen war. Es war diese totale Gewißheit, unabhängig von der Kenntnis der einzelnen Faktoren, die mein Rückwärtsgehen unsicherer machte, als es sonst schon ist, und so rannte ich mit voller Wucht gegen einen Kinderwagen.

Wir spielten noch eine Runde, dann wurde es dunkel; das Spiel wurde abgepfiffen und wir fingen an, unsere Sachen zusammenzusuchen. Das letzte, was ich von Mary Hudson sah: Sie stand weinend in der Nähe von Feld drei, der Häuptling hielt sie am Ärmel ihres Bibermantels fest, aber sie machte sich los und lief über das Spielfeld auf den Zementweg und dann weiter, bis ich sie nicht mehr sehen konnte. Der Häuptling ging ihr nicht nach. Er stand nur da und sah ihr nach. Dann drehte er sich um, ging zum Grundziel und hob die beiden Schlaghölzer auf. Wir ließen die Schlaghölzer immer für ihn liegen. Ich ging zu ihm hinüber und fragte, ob er sich mit Mary Hudson gezankt habe, er sagte, ich sollte mein Hemd in die Hose stopfen.

Wie immer rannten wir Comanchen die letzten hundert Meter zu der Stelle, wo der Bus geparkt war, wir schrien, schubsten, versuchten uns gegenseitig in den Schwitzkasten zu nehmen, alle schon in der Vorfreude auf die nächste Fortsetzung vom «*Lachenden Mann*». Als wir über die Fifth Avenue rannten, ließ einer einen Pullover fallen, mein Fuß verfing sich darin, und ich fiel der Länge nach hin. So kam ich als einer der letzten zum Bus, die besten Plätze waren inzwischen besetzt, und ich mußte mich in die Mitte setzen. Ärgerlich darüber stieß ich den Jungen, der rechts von mir saß, mit dem Ellbogen in die Rippe, dann sah ich mich um und beobachtete den Häuptling, wie er über die Straße kam. Es war noch nicht ganz dunkel, aber die Nach-fünf-Uhr-Dämmerung hatte schon eingesetzt. Der Häuptling überquerte die Straße mit hochgeschlagenem Mantelkragen, die Schlaghölzer unter dem linken Arm, ganz auf den Straßenverkehr konzentriert. Sein schwarzes Haar, das er am frühen Nachmittag naß gekämmt hatte, war jetzt trocken und flatterte, und ich erinnere mich noch, daß ich wünschte, er hätte Handschuhe getragen.

Wie immer wurde es still im Bus, als er einstieg, ungefähr so still, wie es stufenweise im Theater wird, wenn die Lichter langsam ausgehen. Unterhaltungen wurden mit einem Flüstern beendet oder einfach abgebrochen. Trotzdem war das erste, was der Häuptling sagte: «Ruhe jetzt oder es wird nicht erzählt.» Im gleichen Augenblick füllte eine so absolute Stille den Bus, daß dem Häuptling keine andere Wahl blieb, als sich in seine Erzählerpositur zu setzen. Als er das getan hatte, zog er ein Taschentuch heraus und putzte sich systematisch die Nase, ein Nasenloch nach dem anderen. Wir beobachteten ihn geduldig und fast so, als ob er eine Vorstellung gebe. Als er mit dem Naseputzen fertig war, faltete er das Taschentuch säuberlich zusammen und steckte es in seine Tasche zurück. Dann erzählte er uns die nächste Fortsetzung vom «*Lachenden Mann*», die insgesamt nicht länger als fünf Minuten dauerte.

Vier von Dufarges Geschossen trafen den Lachenden Mann, zwei davon mitten ins Herz. Als Dufarge, der seine Augen immer noch vor dem Anblick des Lachenden Mannes schützte, einen seltsamen Todesseufzer von seinem Opfer hörte, war er außer sich vor Freude. Sein Herz schlug wild, er stürzte zu seiner bewußtlosen Tochter und brachte sie wieder zu sich. Außer sich vor Entzücken und mit dem Mut der Feiglinge, die ihren Feind am Boden sehen, wagten sie nun gemeinsam, den Lachenden Mann anzublicken. Sein Kopf hatte sich wie bei einem Toten gesenkt, sein Kinn ruhte auf seiner blutüberströmten Brust. Langsam und gierig näherten sich Vater und Tochter, um ihr Opfer zu besichtigen. Aber der Lachende Mann hatte noch eine Überraschung für sie auf Lager, er war noch lange nicht tot, sondern intensiv damit beschäftigt, seine Bauchmuskulatur in einer Weise anzuspannen, die nur er beherrschte. Als die Dufarges in Reichweite waren, hob er plötzlich den Kopf, stieß ein fürchterliches Lachen aus und gab säuberlich, fast pedantisch alle vier Geschosse, eins nach dem anderen, wieder von sich. Die Wirkung auf die Dufarges war so durchschlagend, daß ihre Herzen buchstäblich brachen und sie dem Lachenden Mann tot vor die Füße fielen. (Wenn die Fortsetzung schon kurz sein sollte, so hätte sie hier enden können. Mit dem plötzlichen Tod der Dufarges wären die Comanchen schon fertig geworden. Aber die Geschichte hörte an dieser Stelle nicht auf.) Tag um Tag stand der Lachende Mann mit Stacheldraht an den Baum gefesselt da, während die Dufarges zu seinen Füßen verwesten. Schrecklich blutend und ohne Nachschub an Adlerblut war er dem Tod gefährlich nahe. Doch eines Tages bat er mit heiserer Stimme, aber beredten Worten die Tiere des Waldes um Hilfe. Er gebot ihnen, Omba, den freundlichen Zwerg, zu holen, und sie holten ihn. Aber es war eine lange Reise hin und zurück über die französisch-chinesische Grenze, und als Omba mit einem Verbandskasten und frischem Adlerblut auf dem Schauplatz erschien, lag der Lachende Mann in den letzten Zügen. Die erste Liebestat Ombas bestand darin, daß er seines Meisters Maske, die vom Wind auf Mademoiselle Dufarges wurmzerfressenen Körper geweht worden war, voller Ehrfurcht wieder vor dem abstoßenden Gesicht befestigte; dann ging er daran, die Wunden zu verbinden.

Als der Lachende Mann endlich seine kleinen Augen aufschlug, hob Omba eifrig die Phiole mit Adlerblut an die Maske, aber der Lachende Mann trank nicht davon, statt dessen sprach er mit schwacher Stimme den geliebten Namen Schwarze Schwinge aus. Omba neigte sein verunstaltetes Haupt und offenbarte seinem Herrn, daß die Dufarges Schwarze Schwinge getötet hatten. Ein seltsamer, herzzerreißender Schmerzenslaut kam von den Lippen des Lachenden Mannes. Unsicher tastete er nach der Phiole mit Adlerblut und zerdrückte sie in seiner Hand. Seine letzten Blutstropfen rannen in einem dünnen Rinnsal an seinem Handgelenk hinab. Er befahl Omba wegzublicken, und schluchzend gehorchte der Zwerg. Bevor der Lachende Mann sein Gesicht endgültig dem blutgetränkten Boden zukehrte, riß er sich die Maske vom Gesicht.

Damit war die Geschichte natürlich zu Ende. (Und sie wurde nie wieder zum Leben erweckt.) Der Häuptling ließ den Motor an. Billy Walsh, der jüngste der Comanchen, der mir gegenübersaß, brach in Tränen aus. Keiner von uns schnauzte ihn deshalb an. Was mich betrifft, so erinnere ich mich, daß mir die Knie zitterten.

Als ich ein paar Minuten später aus dem Bus stieg, fiel mein Blick zufällig auf ein Stück rotes Seidenpapier, das der Wind gegen einen Laternenpfahl geweht hatte, es sah aus wie eine Maske aus Mohnblütenblättern. Als ich zu Hause ankam, schlugen meine Zähne aufeinander, ohne daß ich es hätte verhindern können, und ich wurde sofort zu Bett geschickt.

Unten beim Boot

Es war kurz nach vier Uhr an einem Nachmittag im Spätsommer. Seit dem Mittagessen hatte Sandra, das Dienstmädchen, dem auf den See blickenden Küchenfenster etwa fünfzehn- bis zwanzigmal mit zusammengekniffenen Lippen den Rücken gedreht. Als sie sich diesmal abwandte, knotete sie geistesabwesend ihre Schürzenbänder auf und wieder zu und zog sie so weit fest, wie es ihr riesiger Taillenumfang erlaubte. Dann ging sie wieder zum Küchentisch und ließ ihren in einem frischen Kittel steckenden Körper auf den Stuhl gegenüber von Mrs. Snell fallen. Mrs. Snell war fertig mit Putzen und Bügeln und bekam ihre übliche Tasse Tee, ehe sie die Straße hinab bis zur Autobushaltestelle ging. Mrs. Snell hatte bereits den Hut aufgesetzt. Es war die gleiche interessante schwarze Filz-Kopfbedeckung, die sie nicht nur den ganzen Sommer hindurch, sondern während der letzten drei Sommer getragen hatte: bei Rekord-Hitzewellen und Klimakteriums-Wallungen, über unzähligen Bügelbrettern und über Dutzenden von Staubsaugern. Innen war noch das vornehme Modesalonschild Hattie Carnegie zu erkennen, verblaßt, aber (wenn man so sagen darf) «ungebeugt und ungebrochen».

«Ich mach mir keine Sorgen dadrüber», verkündete Sandra zum fünften- oder sechstenmal und wandte sich damit ebensosehr an sich selber wie an Mrs. Snell. «Hab's mir fest vorgenommen, daß ich mir keine Sorgen dadrüber machen will. Warum denn?»

«Das ist recht», sagte Mrs. Snell. «Ich würd's auch nicht. Wahrhaftig nicht. Bitte, geben Sie doch mal meine Handtasche her!»

Eine lederne Handtasche, die furchtbar abgewetzt war, innen jedoch ein ebenso imposantes Schild wie Mrs. Snells Hut trug, stand auf der Anrichte. Sandra konnte sie erreichen, ohne aufzustehen. Sie reichte sie über den Tisch hinweg Mrs. Snell zu, die ihre Handtasche öffnete und ihr ein Päckchen Menthol-Zigaretten und ein Heftchen Zündhölzer aus dem Stork-Club entnahm.

Mrs. Snell zündete sich eine Zigarette an und führte die Teetasse an die Lippen, stellte sie aber sofort wieder auf die Untertasse. «Wenn der Tee sich nicht beeilt und schnell abkühlt, kann ich noch meinen Bus verpassen.» Sie blickte Sandra an, die niedergeschlagen auf die vor der Wand aufgereihten kupfernen Kochtöpfe starrte.

«Hören Sie bloß auf, sich Sorgen dadrüber zu machen!» gebot Mrs.

Snell. «Was soll 'n das nützen, wenn man sich Sorgen dadrüber macht? Entweder erzählt er's ihr – oder er erzählt's ihr *nich*. Was andres gibt's nich. Was soll 'n da das Grübeln nützen?»

«Ich mach mir ja gar keine Sorgen dadrüber», erwiderte Sandra. «Fällt mir nich im Traum ein! Ist ja alles bloß, weil's einen direkt verrückt macht, wie der Junge immer im Haus rumschleicht. Man hört 'n überhaupt nich, verstehn Sie? Keiner kann ihn hören, verstehn Sie? Neulich zum Beispiel, da hab ich Bohnen ausgepahlt . . . ja, hier an diesem Tisch . . . und da wär ich doch beinah auf seine Hand draufgetreten! Da hat er doch direkt unterm Tisch gesessen!»

«Na, da würd ich mir keine Sorgen drüber machen!»

«Man muß sich nämlich jedes Wort überlegen, wenn er in der Nähe ist», sagte Sandra, «'s macht einen direkt verrückt!»

«Huh, ich kann's immer noch nicht trinken», sagte Mrs. Snell. «Muß ja schrecklich sein – immer so jedes Wort überlegen, was man sagt!»

«'s macht einen direkt verrückt! Wahrhaftig! Manchmal bin ich halb verrückt!» Sandra wischte ein paar nicht vorhandene Krümel von ihrer Schürze und schnaufte ärgerlich durch die Nase. «Und dabei ist der Knirps vier Jahre alt!»

«'s ist aber ein hübscher Junge», meinte Mrs. Snell. «Mit den großen braunen Augen und so!»

Sandra schnaufte wieder. «Aber 'ne Nase bekommt der mal – genau wie sein Vater!» Sie nahm ihre Tasse und trank, ohne sich zu verbrennen. «*Ich* kann's nicht begreifen, warum daß sie hier noch den ganzen Oktober bleiben wollen», bemerkte sie mißvergnügt und setzte die Tasse wieder ab. «Nämlich jetzt geht ja keiner ins Wasser oder auch bloß ans Wasser. Sie geht nich rein, er geht nich rein, der Kleine geht nich rein. Keiner geht jetzt rein. Sie fahren ja nicht mal mehr mit dem verrückten Boot los. Ich kann's nicht verstehen, warum daß sie ihr schönes Geld so aus'm Fenster werfen müssen.

«Ich kann nicht begreifen, wieso Sie schon Ihren Tee trinken können? Ich kann meinen noch nicht trinken!»

Sandra starrte erbittert auf die gegenüberliegende Wand. «Ich wär so froh, wenn wir erst wieder in der Stadt wären. Ganz bestimmt. Die ganze verrückte Gegend hier kann ich nicht ausstehen!» Sie warf Mrs. Snell einen feindseligen Blick zu. «Mit Ihnen ist's was andres, Sie leben hier jahrein, jahraus. Sie haben Ihre Freunde hier und alles, Ihnen macht's nichts aus.»

«Jetzt trink ich 'n aber, und wenn er mich verbrüht!» sagte Mrs. Snell und sah auf die Uhr über dem elektrischen Herd.

«Was würden Sie denn machen, wenn Sie in meiner Haut wären?» fragte Sandra unvermittelt. «Was würden Sie da machen? Ganz offen!»

Das war eine Frage, in die Mrs. Snell so schnell wie in einen Hermelinpelz schlüpfte. Sofort ließ sie ihre Teetasse in Ruhe. «Also *zuerst* mal», sagte sie, «würd ich mir da keine Sorgen drüber machen. Sondern was ich tun würde: ich würd mich umsehen, ob ich nich 'ne andere . . .»

«Ich mach mir keine Sorgen dadrüber», unterbrach Sandra.

«Ja, ja, aber was *ich* tun würde: ich suchte mir einfach 'ne andere . . .»

Die Pendeltür zum Eßzimmer flog auf und Boo Boo Tannenbaum, die Dame des Hauses, trat in die Küche. Sie war eine schmalhüftige junge Frau von fünfundzwanzig Jahren, mit formlosem, farblosem, brüchigem Haar, das sie hinter die sehr großen Ohren gestrichen hatte. Sie trug knielange Drellhosen, einen schwarzen Pullover mit Rollkragen und Socken und Sportschuhe. Abgesehen von ihrem komischen Namen und abgesehen von ihrer allgemeinen Unansehnlichkeit, war sie – jedenfalls, was unvergeßlich einprägsame und übermäßig wache, kleine Gesichter betrifft – eine verblüffende und eindeutig junge Frau. Sie ging schnurstracks zum Eisschrank und machte ihn auf. Während sie mit gespreizten Beinen dastand, die Hände auf die Knie stemmte und hineinspähte, pfiff sie unmelodisch durch die Zähne und wackelte im Takt dazu ganz ungeniert mit leicht pendelndem Hinterteil. Sandra und Mrs. Snell verhielten sich stumm. Mrs. Snell drückte ohne Überstürzung ihre Zigarette aus.

«Sandra . . .?»

«Ja, Ma'am?» Sandra blickte aufmerksam an Mrs. Snells Hut vorbei.

«Sind denn keine sauren Gürkchen mehr da? Ich möcht ihm ein paar Gürkchen bringen.»

«Er hat sie gegessen», berichtete Sandra verständnisvoll. «Gestern abend hat er sie gegessen, eh er ins Bett gegangen ist. Es waren bloß noch zwei übrig.»

«Ach so. Na, dann werd ich welche kaufen, wenn ich an die Bahn fahre. Ich hab gedacht, vielleicht könnt ich ihn damit aus dem Boot locken.» Boo Boo schloß die Eisschranktür und ging quer durch die Küche, um aus dem Fenster auf den See zu schauen. «Brauchen wir sonst noch was?» fragte sie vom Fenster her.

«Bloß Brot.»

«Ihr Geld liegt vorn auf dem Flurtisch, Mrs. Snell. Besten Dank!»

«Ist recht», sagte Mrs. Snell. «Hab gehört, daß Lionel ausgerissen ist!» Sie lachte kurz auf.

«Es sieht ganz so aus», sagte Boo Boo und steckte die Hände in die Hosentaschen.

«Wenigstens rennt er nicht sehr *weit* weg», meinte Mrs. Snell und lachte wieder kurz auf.

Boo Boo, die noch am Fenster stand, änderte ihre Stellung ein ganz klein wenig, so daß sie den beiden Frauen am Tisch nicht gar zu sehr den Rücken zukehrte. «Nein», erwiderte sie und strich sich ein paar Haare hinters Ohr. Dann erzählte sie: «Seit seinem zweiten Lebensjahr ist er regelmäßig ausgerissen. Aber nie sehr weit weg. Ich glaube, die weiteste Strecke, die er je geschafft hat – wenigstens in der Stadt –, war bis zur Mall im Central Park. Ein paar Häuserblocks von zu Haus. Und die kürzeste Strecke war bis zur Haustür unseres Mietshauses unten. Da blieb er stehen, um seinem Papi Lebwohl zu sagen.»

Die beiden Frauen am Tisch lachten. «Auf der Mall gehen in New York immer alle Leute Schlittschuh laufen», erklärte Sandra liebenswürdigerweise. «Die Kinder und die großen Leute.»

«Aha!» sagte Mrs. Snell.

«Er war erst drei. Es war im vorigen Jahr», sagte Boo Boo und zog ein Päckchen mit Zigaretten und Zündhölzern aus einer Seitentasche ihrer Drellhose. Sie zündete sich die Zigarette an, während ihr die beiden Frauen interessiert zuschauten. «Das war eine große Aufregung. Die ganze Polizei war aufgeboten, um ihn zu suchen.»

«Haben Sie ihn gefunden?» fragte Mrs. Snell.

«Natürlich haben sie ihn gefunden!» rief Sandra verächtlich. «Was glauben Sie denn?»

«Er wurde nachts um Viertel nach elf gefunden, mitten im – mein Gott ja, im Februar war's wohl. Kein Kind war mehr im ganzen Park. Bloß Verbrecher, nehm ich an, und eine schöne Auswahl herumstreunender Pervertierter. Er saß im Musikpavillon auf dem Fußboden und rollte eine Murmel in der Ritze hin und her. War halb erfroren und sah aus wie . . .»

«Heiliges Radieschen!» sagte Mrs. Snell. «Wie kann er denn so was bloß tun? Ich meine, warum ist er durchgebrannt?»

Boo Boo blies einen einzigen, nicht ganz tadellosen Rauchring gegen die Fensterscheibe. «Am Nachmittag im Park war ein Kind mit der blöden Behauptung: ‹Du stinkst, du!› auf ihn zugegangen. Wenigstens glauben wir, daß er's deshalb getan hat. Mehr weiß ich auch nicht, Mrs. Snell. Mir ist es ziemlich unverständlich.»

«Wie lange macht er denn schon so was?» fragte Mrs. Snell. «Ich meine, wie lange er's schon macht?»

«Als er zweieinhalb Jahre alt war», berichtete Boo Boo, «hat er sich im Keller unseres Mietshauses unter einen Ausguß geflüchtet. In der Waschküche unten. Naomi Sowieso – eine seiner Freundinnen – hatte ihm erzählt, sie hätte einen Wurm in ihrer Thermosflasche. Wenigstens haben wir das aus ihm herausgebracht.» Boo Boo seufzte, und mit einem langen Stück Asche an ihrer Zigarette trat sie vom Fenster weg. Sie ging auf die Moskitotür zu. «Ich will's noch mal versuchen!» sagte sie und verabschiedete sich damit von den beiden Frauen.

Sie lachten.

«Mildred», sagte Sandra, die noch immer lachte, zu Mrs. Snell, «Sie werden noch Ihren Bus verpassen, wenn Sie sich nicht auf die Socken machen!»

Boo Boo zog die Moskitotür hinter sich ins Schloß.

Auf dem sanften Rasenhang blieb sie stehen. Im Rücken hatte sie die tiefstehende, blendende Spätnachmittagssonne. Ungefähr zweihundert Meter von ihr entfernt saß ihr Sohn Lionel im Heck von seines Vaters Boot. Das Boot war vertäut und ohne Groß- und Klüversegel; es trieb genau im rechten Winkel zum äußersten Ende des Bootsstegs auf dem Wasser. Etwa vierzig Meter weiter schwamm ein verlorengegangener oder fortgeworfener Wasserski umgekehrt auf der Oberfläche des Sees, doch von anderen Booten war sonst nichts zu sehen, nur das Heck der Motorbarkasse, die regelmäßig zu Leechs Landestelle fuhr. Boo Boo fand es eigentümlich schwierig, Lionel im Blickfeld zu behalten. Obwohl die Sonne nicht besonders heiß schien, war sie doch noch so grell, daß sie jeden nicht allzu nahen Gegenstand – ein Boot oder einen Jungen – so zitternd und gebrochen erscheinen ließ wie einen im Wasser steckenden Stab. Nach ein paar Minuten wandte Boo Boo den Blick ab. Sie löschte die Zigarette, wie man's in der Armee macht, und ging dann zum Bootssteg hinunter.

Es war im Oktober, und die Bohlen des Bootsstegs strahlten nicht länger die grelle Hitze aus, die einem sonst ins Gesicht schlug. Sie ging auf ihnen entlang und pfiff «*Kentucky Babe*» durch die Zähne. Als sie das Ende des Bootsstegs erreicht hatte, hockte sie sich mit hörbarem Knacken ihrer Knie unmittelbar an den Rand und blickte auf Lionel hinunter. Er war knapp eine Ruderlänge von ihr entfernt. Er sah nicht zu ihr auf.

«Ahoi!» rief Boo Boo. «Freund! Pirat! Schlingel! Ich bin wieder da.»

Lionel, der immer noch nicht aufsah, fühlte sich plötzlich veranlaßt, seine Segelkünste vorzuführen. Er schwenkte die Ruderpinne ganz weit bis nach rechts herum, und dann riß er sie mit einem Ruck sofort wieder zu sich heran. Die Augen hatte er dauernd aufs Bootsdeck geheftet.

«Ich bin's», sagte Boo Boo. «Vize-Admiral Tannenbaum. *Née* Glass. Eingetroffen, um die Semaphore zu inspizieren.»

Darauf erfolgte eine Antwort.

«Du bist kein Admiral. Du bist eine Dame», sagte Lionel. Seine Sätze hatten gewöhnlich mindestens eine Pause, weil er verkehrt atmete, so daß Wörter, die er hätte betonen wollen, unbetont herauskamen. Boo Boo hörte nicht nur zu, sie schien seine Stimme zu beachten.

«Wer hat dir das erzählt? Wer hat dir erzählt, ich sei kein Admiral?» fragte sie.

Lionel antwortete, aber unhörbar.

«*Wer?*» rief Boo Boo.

«Pappi.»

Boo Boo, die noch immer hockte, berührte mit der linken Hand die Bohlen, um sich im Gleichgewicht zu halten. «Dein Pappi ist ein goldiger Mensch», sagte sie, «aber er ist die größte Landratte, die mir bekannt ist. Es entspricht durchaus der Wahrheit, daß ich eine Dame bin, wenn wir im Hafen sind – das stimmt! Aber mein wahrer Beruf ist gestern, heute und in alle Ewigkeit der weite Ozean . . .»

«Du bist kein Admiral», sagte Lionel.

«Wie bitte?»

«Du bist kein Admiral. Du bist immerzu eine Dame.»

Es entstand eine kleine Pause. Lionel benutzte sie dazu, um den Kurs seines Bootes wieder zu ändern: er hielt die Ruderpinne mit beiden Armen. Er trug eine kurze, khakifarbene Hose und ein sauberes weißes Trikothemd mit einem bunten Vogel Strauß auf der Brust, der die Violine spielte. Er war sehr braungebrannt, und sein Haar, das in Farbe und Art genau dem Haar seiner Mutter glich, war auf dem Scheitel ein wenig ausgeblichen.

«*Viele* Leute glauben, ich sei kein Admiral», sagte Boo Boo und behielt ihn dabei im Auge. «Bloß weil ich nicht damit prahle.» Sie holte eine Zigarette und Zündhölzer aus der Seitentasche ihrer Drellhose und hielt sich dabei im Gleichgewicht. «Ich komme fast nie in Versuchung, mit anderen Leuten über meinen Rang zu sprechen. Besonders nicht mit kleinen Jungen, die mich nicht mal anschauen, wenn ich mit ihnen rede. Da würde ich ja aus dem Dienst geworfen!»

Ohne die Zigarette anzuzünden, sprang sie plötzlich auf die Füße, nahm eine unnatürlich gerade Haltung an, machte mit Daumen und Zeigefinger ihrer rechten Hand ein Oval, hielt das Oval an ihre Lippen und blies wie auf einer Spielzeugtrompete eine Art Hornsignal. Lionel blickte sofort auf.

Wahrscheinlich wußte er, daß das Signal ein Schwindel war, doch trotzdem schien er mächtig interessiert und sperrte den Mund auf. Boo Boo blies das Signal – eine eigentümliche Mischung von Zapfenstreich und Reveille – dreimal hintereinander, ohne Pause dazwi-schen. Dann grüßte sie sehr förmlich zum gegenüberliegenden Ufer hinüber.

Als sie schließlich ihre Hockstellung auf der Kante des Bootsstegs wieder einnahm, schien sie es nur mit dem größten Bedauern zu tun, als sei sie soeben durch eins der stärksten Erlebnisse in der Marine-Tradition, das dem Publikum und kleinen Jungen verschlossen blieb, aufs heftigste erschüttert worden. Einen Augenblick starrte sie über den kleinen Horizont des Sees, dann schien sie sich zu erinnern, daß sie nicht völlig allein war. Sie schaute feierlich auf Lionel hinunter, der immer noch den Mund aufsperrte, und sagte:

«Das war ein geheimes Hornsignal, das nur Admirale hören dürfen!» Sie zündete sich eine Zigarette an und blies das Steichholz aus, so daß ein dramatisch dünner, langer Rauchfaden entstand. «Wenn jemand wüßte, daß ich dir erlaubt habe, das Hornsignal mitanzuhören . . .»

Sie schüttelte den Kopf. Dann richtete sie wieder wie mit einem Sextanten den Blick auf den Horizont.

«Mach's noch mal!»

«Unmöglich!»

«Warum?»

Boo Boo zuckte die Achseln. «Vor allem deshalb, weil zu viele Subaltern-Offiziere in der Nähe sind.» Sie wechselte ihre Stellung und setzte sich jetzt mit gekreuzten Beinen hin, wie die Indianer. Sie zog ihre Sokken hoch. «Ich mache dir aber einen Vorschlag», sagte sie sehr sachlich. «Wenn du mir erzählst, warum du ausreißen willst, blase ich dir alle geheimen Hornsignale vor, die ich kenne. Gut?»

Lionel blickte sofort wieder aufs Deck. «Nein», entgegnete er.

«Warum nicht?»

«Darum.»

«Warum darum?»

«Weil ich nicht will», sagte Lionel, und um seinen Worten mehr Nachdruck zu verleihen, zog er heftig an der Ruderpinne.

Boo Boo schirmte die rechte Hälfte ihres Gesichts gegen die blendende Sonne ab. «Du hast mir mal gesagt, mit dem Ausreißen wär's vorbei», erwiderte sie. «Wir haben darüber gesprochen, und da hast du gesagt, du wolltest es nicht wieder tun. Du hast es mir versprochen.»

Lionel gab ihr etwas zur Antwort, aber es drang nicht bis zu ihr hinauf. «Was?» fragte Boo Boo.

«Ich hab's nicht versprochen.»

«Doch, doch, du hast es getan. Du hast es ganz bestimmt versprochen!»

Lionel begann wieder sein Boot zu steuern. «Wenn du ein Admiral bist», sagte er, «wo ist dann deine *Flotte*?»

«Meine Flotte? Gut, daß du mich daran erinnerst», erwiderte Boo Boo und begann sich ins Boot hinunterzulassen.

«Geh weg!» befahl Lionel, wenn er es auch nicht laut herausschrie. Er hatte die Augen noch immer gesenkt. «Keiner kann in das Boot kommen!»

«Wirklich nicht?» fragte Boo Boo, deren Fuß bereits den Bug des Boots berührte. Sie zog ihn gehorsam wieder zum Bootssteg hinauf. «Kein Mensch?» Sie setzte sich wieder mit untergeschlagenen Beinen hin. «Warum denn nicht?»

Lionel gab Auskunft, aber wieder nicht laut genug.

«Was?» frage Boo Boo.

«Weil's nicht erlaubt ist.»

Boo Boo hielt die Augen dauernd auf den Jungen geheftet, sagte aber eine volle Minute lang kein Wort. «Das tut mir aber sehr leid», sagte sie endlich. «Ich wäre gar zu gern in dein Boot gestiegen. Ich habe solche Sehnsucht nach dir. Du fehlst mir schrecklich. Ich bin den ganzen Tag allein im Hause gewesen, und keiner war da, mit dem ich hätte sprechen können.»

Lionel schwenkte die Ruderpinne nicht herum. Er betrachtete die Maserung auf ihrem Holzgriff. «Du kannst mit Sandra sprechen», sagte er dann.

«Sandra hat zu tun», entgegnete Boo Boo. «Und überhaupt will ich nicht mit Sandra sprechen. Ich möchte mit dir sprechen. Ich möchte in dein Boot steigen und mit dir sprechen.»

«Du kannst auch von da aus sprechen.»

«Was?»

«Du kannst auch von *da aus* sprechen!»

«Nein, das kann ich nicht. Es ist zu weit weg. Ich muß nahe bei dir sein.»

Lionel schwenkte die Ruderpinne herum. «Keiner darf in das Boot kommen», sagte er.

«Was?»

«Keiner darf rein!»

«Dann erzähl mir doch bitte von dort aus, warum du ausreißen willst», sagte Boo Boo. «Nachdem du mir schon versprochen hattest, du würdest es nie wieder tun.»

Eine Unterwasser-Brille lag auf dem Bootsdeck in der Nähe des Heckplatzes. Anstatt zu antworten, klemmte sich Lionel die Schnalle der Brille zwischen den großen und den zweiten Zehen seines rechten Fußes und schleuderte die Brille mit einem geschickten, raschen Schwung über Bord. Sie ging sofort unter.

«Ist ja reizend!» sagte Boo Boo. «Ist ja sehr lieb! Die Brille gehört deinem Onkel Webb. Oh, wie er sich nun freuen wird!» Sie zog an ihrer Zigarette. «Früher hat sie deinem Onkel Seymour gehört.»

«Ist mir egal.»

«Das sehe ich. Das kann ich sehen, daß es dir egal ist», sagte Boo Boo. Die Zigarette baumelte eigentümlich zwischen ihren Fingern. Sie brannte in gefährlicher Nähe zwischen zwei Fingerknöcheln. Plötzlich spürte sie die Glut und ließ die Zigarette in den See fallen.

Danach zog sie etwas aus der Seitentasche ihrer Hose. Es war ein kleines Paket, etwa von der Größe eines Kartenspiels, und es war in weißes Papier gewickelt und mit einem grünen Band verschnürt.

«Das hier ist eine Schlüsselkette», sagte sie und spürte, wie die Augen des Jungen auf ihr ruhten. «Genauso eine wie Pappis. Aber mit viel mehr Schlüsseln dran als bei Pappi. Die hier hat zehn Schlüssel.»

Lionel beugte sich vor und ließ die Ruderpinne fahren. Er hielt die Hände zum Fangen bereit. «Wirfst du sie runter?» sagte er. «Bitte, ja?»

«Wolln noch ein Minütchen stille sitzen, mein Schatz! Ich muß erst drüber nachdenken. Eigentlich sollte ich die Schlüsselkette jetzt in den See werfen!»

Lionel starrte mit offenem Mund zu ihr auf. Dann schloß er ihn. «Es ist meine», sagte er kleinlaut und nicht sehr davon überzeugt.

Boo Boo blickte auf ihn hinunter und zuckte die Achseln. «Das ist mir egal!»

Lionel rutschte nach hinten, beobachtete seine Mutter und griff nach der Ruderpinne. An seinen Augen konnte man erkennen, wie scharf er nachdachte. Damit hatte seine Mutter gerechnet.

«Hier!» Boo Boo warf ihm das Päckchen zu. Es landete mitten in seinem Schoß.

Er betrachtete es, wie es so dalag, hob es auf, betrachtete es in seiner Hand und warf es mit raschem Seitwärtsschwung in den See. Dann blickte er sofort zu Boo Boo auf, aber seine Augen waren nicht voller Trotz, sondern voller Tränen. Im Nu verzog sich sein Mund zu einer liegenden Acht, und er weinte bitterlich.

Boo Boo stand behutsam auf, wie jemand, dem im Theater die Füße eingeschlafen sind, und ließ sich ins Boot hinunter. Im Handumdrehen

71

saß sie auf der Heckbank und hatte den Steuermann auf dem Schoß. Sie wiegte und küßte ihn auf den Nacken und gab ihm eine interessante Belehrung: «Matrosen weinen nicht, Baby, Matrosen weinen niemals. Höchstens wenn ihr Schiff untergeht. Oder wenn sie Schiffbrüchige geworden sind und auf einem Floß hocken und so weiter und nichts zu trinken haben als . . .»

«Sandra hat zu Mrs. Snell gesagt – Pappi ist ein großer, schlampiger – *kike!*»

Boo Boo zuckte kaum wahrnehmbar zusammen, schob aber den Jungen von ihrem Schoß und stellte ihn vor sich hin. Sie strich ihm das Haar aus der Stirn. «So? Hat sie das gesagt?» fragte sie.

Lionel nickte nachdrücklich mit dem Kopf. Er weinte immer noch, kam näher und drängte sich zwischen die Knie seiner Mutter.

«Ach, so furchtbar schlimm ist das nun auch nicht», sagte Boo Boo und hielt ihn mit Armen und Beinen umschlungen. «Das ist schließlich nicht das Schlimmste, was passieren kann.» Sie biß dem Jungen sanft ins Ohrläppchen. «Weißt du, was ein *kike** ist, Baby?»

Lionel wollte oder konnte nicht sofort Antwort geben.

Jedenfalls wartete er ein wenig, bis die letzten Schluchzer etwas nachließen. Dann murmelte er seine Antwort halb erstickt, aber gut verständlich gegen Boo Boos warmen Hals. «Es ist so ein Dings, das in die Luft steigt», sagte er. «Das man an einer Schnur festhält.»**

Um ihm besser ins Gesicht sehen zu können, hielt Boo Boo ihren Sohn auf Armeslänge von sich. Dann fuhr sie ihm mit der Hand ungestüm in den Hosensitz, was den Jungen reichlich erschreckte, zog sie jedoch sofort wieder zurück und steckte ihm nur das Hemd hinein. «Weißt du, was wir jetzt machen wollen?» sagte sie. «Wir fahren in die Stadt und kaufen saure Gürkchen und Brot, und die Gürkchen essen wir unterwegs im Wagen, und dann fahren wir an den Bahnhof und holen Pappi ab, und dann fahren wir Pappi nach Hause und bitten ihn, daß er mit uns eine Segelfahrt über den See macht. Du mußt ihm aber helfen, die Segel nach unten zu tragen. Fein?»

«Fein!» sagte Lionel.

Sie gingen nicht zum Haus zurück: sie rannten um die Wette. Lionel wurde Sieger.

---

* *kike* wüstes Schimpfwort für einen Juden.
** Das englische Wort für *Drache* ist *Kite*, also dem Schimpfwort sehr ähnlich.

Für Esmé mit Liebe und Unrat

Ganz kürzlich erhielt ich mit der Luftpost eine Einladung zu einer Hochzeit, die am 18. April in England stattfinden soll. Zufällig handelt es sich um eine Hochzeit, bei der ich für mein Leben gern anwesend wäre, und als die Einladung eintraf, glaubte ich, daß ich es vielleicht bewerkstelligen könnte, die Reise ins Ausland mit dem Flugzeug zu machen, und zum Kuckuck, wenn's teuer wird! Seitdem habe ich jedoch die Sache ziemlich eingehend mit meiner Frau durchgesprochen – einer fabelhaft vernünftigen Frau –, und jetzt sind wir dagegen, denn vor allem hatte ich vollständig vergessen, daß meine Schwiegermutter sich darauf freut, die beiden letzten Wochen vom April bei uns zu verbringen. Ich bekomme Mutter Grencher wirklich nicht sehr oft zu Gesicht, und jünger wird sie auch nicht. Sie ist achtundfünfzig (was sie sofort als erste zugeben würde).

Aber trotzdem, und einerlei, wo ich sein mag, bin ich gewiß nicht der Typ, der nicht wenigstens einen Finger krumm macht, um zu verhindern, daß eine Hochzeit langweilig wird. Daher habe ich mich hingesetzt und ein paar aufschlußreiche Zeilen über die Braut zu Papier gebracht, wie sie war, als ich sie vor fast sechs Jahren kennenlernte. Wenn meine Zeilen dem Bräutigam, der mir unbekannt ist, ein oder zwei unbehagliche Minuten bereiten, um so besser! Vergnügen zu bereiten ist hier nicht die Absicht, sondern eher: zu erbauen und zu belehren.

Im April 1944 gehörte ich zu einer Gruppe von etwa sechzig amerikanischen Soldaten, die einen ziemlich speziellen Vor-Invasions-Ausbildungskurs mitmachten, der vom Britischen Nachrichtendienst in Devon in England geleitet wurde. Und wenn ich jetzt an die Zeit zurückdenke, scheint es mir, daß wir alle sechzig ziemlich eigenartig waren, weil sich in der ganzen Gruppe kein geselliger Typ befand. Wir waren alle vorwiegend Briefschreiber, und wenn wir außerhalb vom Dienst miteinander sprachen, so war's meistens, um jemand zu fragen, ob er etwas Tinte erübrigen könnte. Wenn wir nicht Briefe schrieben oder die Kurse besuchten, ging jeder von uns so ziemlich seine eigenen Wege. Meiner führte mich an trockenen Tagen zu landschaftlich schönen Stellen in der Umgegend. Bei Regenwetter suchte ich mir ein trockenes Plätzchen und las ein Buch, oft nur eine Axtlänge von einem Pingpongtisch entfernt.

Der Ausbildungskurs dauerte drei Wochen und schloß an einem

Samstag, einem sehr verregneten Tag. Abends um sieben sollte unsere ganze Gruppe nach London verladen werden, wo wir, so ging das Gerücht, verschiedenen Infanterie- und Luftlande-Divisionen zugeteilt werden sollten, die für den Tag der Landung an der normannischen Küste gemustert wurden. Gegen drei Uhr nachmittags hatte ich all meine Habseligkeiten in meinen Segeltuchsack gestopft, darunter auch den Gasmaskenbehälter voll Bücher, die ich von ‹drüben› mitgebracht hatte. (Die Gasmaske hatte ich vor ein paar Wochen durch ein Bullauge der *Mauretania* ins Meer plumpsen lassen, da ich mir vollkommen im klaren war, daß ich mir, falls der Feind je Gas benutzen sollte, das verdammte Ding nie rechtzeitig würde aufstülpen können.) Ich erinnere mich, daß ich lange Zeit an einem Schmalseitenfenster unserer Nissenhütte stand und in den schräg niederströmenden, trübseligen Regen hinausblickte, wobei mein Schreibfinger unmerklich (falls überhaupt) zuckte. Hinter meinem Rücken konnte ich das unkameradschaftliche Kratzen vieler Füllfedern auf vielen Bogen Siegespost-Briefpapier hören. Ganz plötzlich und ohne besonderen Vorsatz wandte ich mich vom Fenster ab und legte meinen Regenmantel, den Kaschmirschal, die Galoschen, die wollenen Handschuhe und mein Käppi an (letzteres trug ich, wie man mir noch heute sagt, auf eine mir ganz eigentümliche Art: nämlich leicht über beide Ohren gezogen). Dann, nachdem ich meine Armbanduhr mit der Uhr in der Latrine verglichen hatte, ging ich den langen, gepflasterten Hügelweg zur Stadt hinab. Ich kümmerte mich nicht um das Flammen der Blitze rings um mich her. Entweder wußten sie meine Nummer – oder nicht.

In der Stadtmitte, wo die Nässe wahrscheinlich am schlimmsten war, blieb ich vor einer Kirche stehen, um das Anschlagbrett zu studieren, vor allem, weil die Nummern, weiß auf schwarz, meine Aufmerksamkeit erregt hatten, dann aber auch, weil ich nach drei Jahren beim Militär gewohnheitsmäßiger Anschlagbrett-Leser geworden war. Um drei Uhr fünfzehn, so hieß es auf dem Brett, übte ein Kinderchor. Ich blickte auf meine Armbanduhr und wieder aufs Brett. Mit einer Reißzwecke war ein Blatt Papier angeheftet, das die Namen der Kinder aufführte, die an der Übung teilnehmen sollten. Ich stand im Regen und las sämtliche Namen. Danach betrat ich die Kirche.

Etwa ein Dutzend Leute saßen hier und dort in den Bänken, und mehrere von ihnen hielten auf dem Schoß Kindergummischuhe, mit der Sohle nach oben, natürlich. Ich ging nach vorn und setzte mich in die erste Reihe. Vor dem Lesepult saßen auf drei dicht beieinanderstehenden Stuhlreihen etwa zwanzig Kinder, meistens Mädchen, im Alter von sieben bis dreizehn Jahren. Ihre Chorleiterin, eine riesige Frau in einem Tweedkostüm, wies sie gerade an, beim Singen den Mund weiter aufzumachen. Hatte wohl einer, so fragte sie, schon mal von einem kleinen Piepmatz gehört, der seine reizenden Lieder zu singen wagte, ohne zuerst das Schnäbelchen weit, weit, weit aufzureißen? Anscheinend niemand. Alle blickten sie mit unerschütterlicher, undurchdringlicher Miene an. Sie fuhr fort und sagte ihnen, daß sie wünsche, alle Kinder sollten auch an den Sinn der Worte denken, die sie sangen, und sie nicht einfach wie plappernde Papageien herunterplärren. Dann blies sie auf ihrer Stimmflöte einen Ton, und die Kinder hoben wie lauter minderjährige Gewichtheber gleichzeitig die Gesangbücher in die Höhe.

Sie sangen ohne Begleitung, oder, in ihrem Falle richtiger ausgedrückt: ohne Einmischung. Ihre Stimmen waren melodisch und unsentimental, fast bis zu einem Grade, wo ein frommerer Mann als ich ohne weiteres hätte ergriffen sein können. Ein paar von den allerjüngsten Kindern schleppten das Tempo ein wenig, doch nur so viel, daß höchstens die Mutter des Komponisten etwas daran auszusetzen gehabt hätte.

Ich hatte den Choral noch nie gehört, hoffte aber die ganze Zeit, daß es einer mit einem Dutzend oder noch mehr Versen sei. Während des Zuhörens musterte ich die Gesichter aller Kinder, beobachtete aber ganz besonders eins, das mir am nächsten war, am Ende der vordersten Reihe. Sie war etwa dreizehn Jahre alt, mit geradem aschblondem Haar, das bis zu den Ohrläppchen reichte, mit einer herrlichen Stirn und hochmütigen Augen, die, wie ich meinte, sehr wahrscheinlich ihr Publikum zählten. Ihre Stimme hob sich deutlich von der Stimme der anderen Kinder ab, und nicht nur deshalb, weil sie mir am nächsten saß. Sie hatte die beste hohe Tonlage, sang am lieblichsten und sichersten und führte die anderen ganz von selbst. Jedoch schien es die junge Dame zu langweilen, daß sie gut singen konnte, oder vielleicht waren es auch nur die Zeit und der Ort, denn zweimal sah ich sie zwischen zwei Versen gähnen. Es war ein damenhaftes Gähnen mit geschlossenem Mund, aber man konnte es nicht übersehen: ihre Nüstern verrieten es.

Sowie der Choral beendet war, äußerte sich die Chorleiterin lang und breit über Leute, die während der Predigt des Pfarrers nicht die Füße still und den Mund geschlossen halten können. Ich entnahm daraus, daß der Teil der Probe mit den Gesängen vorüber sei, und ehe die mißtönende Sprechstimme der Chorleiterin den Zauber gänzlich zerstören konnte, den der Gesang der Kinder auf mich ausgeübt hatte, stand ich auf und verließ die Kirche.

75

Es regnete noch heftiger. Ich ging die Straße hinab und blickte durchs Fenster des Rotkreuz-Erfrischungsraums, aber an der Kaffeetheke standen die Soldaten zwei und drei Reihen tief, und selbst durch die Fensterscheiben konnte ich das Aufklatschen der Pingpongbälle im anstoßenden Zimmer hören. Ich überquerte die Straße und betrat eine gewöhnliche Teestube, die bis auf eine Kellnerin in mittleren Jahren leer war, und sie machte ein Gesicht, als ob ihr ein Gast mit einem trockenen Regenmantel lieber gewesen wäre. Ich hängte meinen Mantel so behutsam wie möglich an den Kleiderständer, setzte mich dann an einen Tisch und bestellte Tee und Zimt-Toast.

Es war das erste Mal an jenem Tag, daß ich überhaupt zu jemand gesprochen hatte. Ich suchte alle meine Taschen ab, auch die im Regenmantel und fand schließlich ein paar längst überholte Briefe zum Nochmals-Lesen, den einen von meiner Frau, in dem sie mir erzählte, daß man bei Schraffts in der achtundvierzigsten Straße nicht mehr so gut bedient würde, und den anderen von meiner Schwiegermutter, die mich bat, ihr doch etwas Kaschmirwolle zu schicken, sobald ich Gelegenheit hätte, das «Lager» zu verlassen.

Während ich noch bei meiner ersten Tasse Tee saß, erschien in der Teestube die junge Dame, der ich beim Chorsingen zugeschaut und gelauscht hatte. Ihr Haar war triefend naß, und die Ränder ihrer Ohren stachen beide hervor. Sie kam mit einem sehr kleinen Jungen, ganz unverkennbar ihrem Bruder, dem sie die Mütze abnahm, indem sie sie wie ein Laboratoriums-Präparat mit zwei spitzen Fingern von seinem Kopf entfernte. Die Nachhut bildete eine resolut aussehende Frau in einem weichen Filzhut, vermutlich die Erzieherin. Die Chorsängerin zog, während sie durch die Teestube ging, ihren Mantel aus und wählte den Tisch – sehr günstig, wie ich fand, da er sich keine drei Meter entfernt und genau mir gegenüber befand. Sie und die Erzieherin setzten sich.

Der kleine Junge, der etwa fünf Jahre alt sein mochte, war noch nicht soweit, schon still zu sitzen. Er schlüpfte aus seiner Kadettenjacke und legte sie weg; dann machte er sich voller Methode und mit dem undurchdringlichen Gesicht des geborenen Teufelskerls daran, seine Erzieherin zu ärgern, indem er seinen Stuhl mehrere Male hintereinander vorstieß und wieder nach hinten zerrte und dabei ihr Gesicht beobachtete. Die Erzieherin befahl ihm mit gedämpfter Stimme zwei- oder dreimal, sich zu setzen und endlich die Albernheiten aufzugeben, aber erst, als seine Schwester mit ihm sprach, kam er näher und pflanzte sein Sitzfleisch auf die Stuhlfläche. Sofort ergriff er die Serviette und legte sie sich auf den Kopf. Die Schwester nahm sie ihm weg, öffnete sie und legte sie ihm auf den Schoß.

Ungefähr zur gleichen Zeit, als ihnen der Tee gebracht wurde, merkte die Chorsängerin, daß ich zu ihrem Tisch hinüberblickte. Sie blickte mich ebenfalls an, wieder mit den ihr Publikum zählenden Augen, und dann bedachte sie mich ganz unerwartet mit einem zurückhaltenden kleinen Lächeln. Es war merkwürdig strahlend, wie es ein gewisses zurückhaltendes Lächeln manchmal sein kann. Ich lächelte auch, aber viel weniger strahlend, und behielt die Oberlippe über einer provisorischen GI-Füllung, die sonst zwischen meinen beiden Vorderzähnen zu sehen gewesen wäre. Und dann stand zu meiner Überraschung die junge Dame plötzlich mit beneidenswerter Haltung neben meinem Tisch. Sie trug ein Schottenkleid – ein Campbell-Karo, glaube ich. Es schien mir das schönste Kleid, das ein sehr junges Mädchen an einem so verregneten Tag tragen konnte.

«Ich hatte geglaubt, Amerikaner verabscheuen Tee?» sagte sie zu mir.

Es war nicht die Bemerkung einer Naseweisen, sondern eher einer Wahrheitssucherin oder einer Statistik-Begeisterten. Ich erwiderte ihr, daß manche Amerikaner überhaupt nichts anderes als Tee tränken. Ich fragte sie, ob es ihr Freude machen würde, an meinem Tisch Platz zu nehmen.

«Danke», sagte sie. «Vielleicht für den Bruchteil einer Sekunde!»

Ich stand auf und rückte ihr einen Stuhl zurecht – den, der mir gegenüberstand, und sie setzte sich auf die vorderste Kante, wobei sie die Wirbelsäule mühelos und elegant gerade hielt. Ich kehrte zu meinem eigenen Stuhl zurück, ja ich beeilte mich fast, da ich nur zu gern bereit war, die Unterhaltung nicht abreißen zu lassen. Aber als ich saß, fiel mir nichts ein, was ich hätte sagen können. Ich lächelte wieder und hielt meine kohlschwarze Füllung immer noch verdeckt. Ich sagte, daß es ja ganz schreckliches Wetter sei.

«Ja, ziemlich», erwiderte mein Gast mit dem deutlichen, nicht mißzuverstehenden Tonfall eines Menschen, der leeres Gerede verabscheut. Sie legte ihre Finger flach auf die Tischkante, wie jemand bei einer spiritistischen Sitzung, und dann, fast umgehend, schloß sie die Hände wieder: ihre Nägel waren bis zur Fingerkuppe abgekaut. Sie trug ein Uhrarmband, eine militärisch aussehende Uhr, die eher dem Chronographen eines Kapitäns glich. Das Zifferblatt war viel zu groß für das schlanke Handgelenk.

«Sie waren bei der Chorprobe», stellte sie sachlich fest. «Ich habe Sie gesehen.»

Ich erwiderte, daß ich allerdings dagewesen sei und daß ich ihre Stimme herausgehört habe. Ich sagte, ich fände, ihre Stimme sei sehr schön.

Sie nickte. «Ich weiß. Ich werde Berufssängerin.»

«Wirklich? Bei der Oper?»

«Lieber Himmel, nein! Ich will Jazz beim Radio singen und scheffelweise Geld verdienen. Dann, wenn ich dreißig bin, setze ich mich zur Ruhe und lebe auf einer Ranch in Ohio.» Sie berührte den Scheitel ihres durchnäßten Haares mit der offenen Handfläche. «Kennen Sie Ohio?» Ich antwortete, daß ich ein paarmal mit dem Zug durch Ohio gekommen sei, daß ich es jedoch nicht richtig kenne. Ich bot ihr ein Stück Zimt-Toast an.

«Nein, danke», sagte sie. «Ich esse überhaupt nur so wenig wie ein Vogel.»

Ich biß selbst ein Stück Toast ab und bemerkte, in Ohio ginge es mächtig rauh zu.

«Ich weiß. Ein Amerikaner, den ich kennengelernt habe, hat es mir erzählt. Sie sind mein elfter Amerikaner!»

Ihre Erzieherin machte jetzt heftige Zeichen, an den eigenen Tisch zurückzukehren – vor allem, mich nicht länger zu belästigen. Mein Gast jedoch rückte den Stuhl seelenruhig um ein oder zwei Zoll herum, so daß ihr Rücken jede weitere Unterhaltung mit dem eigenen Tisch unmöglich machte.

«Sie gehen in die Schule vom Nachrichtendienst auf dem Hügel, nicht wahr?» fragte sie kühl.

Ich war so sehr auf Sicherheit bedacht, wie man es nur sein konnte und erwiderte, daß ich Devonshire aus Gesundheitsgründen aufgesucht habe.

«Tatsächlich?» sagte sie. «Ich bin aber nicht ganz und gar von gestern.»

Darauf würde ich jede Wette eingehen, bestätigte ich ihr. Ich trank etwas Tee, mußte auf einmal an meine Haltung denken und setzte mich sehr gerade hin.

«Für einen Amerikaner scheinen Sie ziemlich intelligent zu sein», sagte mein Gast nachdenklich.

Ich erwiderte, es klänge bei Licht besehen reichlich eingebildet, so etwas auszusprechen, und ich hoffe sehr, daß sie nicht so sei.

Sie wurde rot – und übertrug dadurch unwillkürlich auf mich die gesellschaftliche Haltung, die ich bisher hatte vermissen lassen.

«Ach, die meisten Amerikaner, die ich gesehen habe, benahmen sich wie Tiere. Ewig müssen sie einander herumstoßen und jeden beleidigen und – wissen Sie, was einer mal gemacht hat?»

Ich schüttelte den Kopf.

«Einer hat bei meiner Tante eine leere Whiskyflasche durchs Fenster geworfen! Zum Glück stand das Fenster offen. Aber finden Sie so etwas sehr intelligent?»

Ich fand es nicht, gab es aber nicht zu. Ich erwiderte, daß viele Soldaten in der ganzen Welt zerstreut und sehr weit weg von zu Hause seien und daß nur wenige von ihnen unter günstigen Bedingungen gelebt hätten.

«Möglich», sagte mein Gast, doch es klang nicht überzeugt. Sie hob wieder die Hand auf, berührte ihren nassen Kopf und zupfte an ein paar feuchten, blonden Haarsträhnen, um die hervorstehenden Ohrmuscheln zu bedecken. «Mein Haar ist triefend naß», sagte sie. «Ich sehe gräßlich aus.» Sie blickte mich an. «Ich habe ganz schönes, welliges Haar, wenn es trocken ist.»

«Das sehe ich, das kann ich leicht sehen.»

«Nicht gerade lockig, aber ganz schön wellig», sagte sie. «Sind Sie verheiratet?»

Ich sagte ja.

Sie nickte. «Lieben Sie Ihre Frau sehr innig? Oder werde ich zu persönlich?»

Ich sagte ihr, daß ich es frei heraussagen würde, wenn es soweit wäre.

Sie schob Hände und Gelenke etwas weiter auf den Tisch vor, und ich erinnerte mich, daß ich etwas über die Armbanduhr mit dem riesigen Zifferblatt sagen wollte, die sie trug: vielleicht vorschlagen, ob sie nicht versuchen wolle, sie lieber als Gürtel umzuschnallen.

«Im allgemeinen bin ich nicht furchtbar soziabel», sagte sie und blickte mich prüfend an, um zu sehen, ob ich den Sinn des Wortes verstünde. Ich ließ mir aber nichts anmerken, weder so noch so. «Ich trat einzig deshalb an Ihren Tisch, weil ich fand, Sie sähen enorm einsam aus. Sie haben ein enorm sensibles Gesicht!»

Ich antwortete, daß sie recht habe, ich hätte mich tatsächlich einsam gefühlt und mich sehr gefreut, daß sie an meinen Tisch getreten sei.

«Ich übe mich darin, mitfühlend zu werden. Meine Tante sagt, ich sei eine schrecklich kalte Natur», erklärte sie und fuhr sich wieder über ihren nassen Kopf. «Ich lebe bei meiner Tante. Sie ist eine enorm gütige Natur. Seit dem Tode meiner Mutter tut sie alles, was in ihren Kräften steht, damit Charles und ich uns assimiliert fühlen.»

«Das freut mich.»

«Mutter war eine enorm intelligente Person. Sehr sinnlich – in mancher Beziehung.» Sie betrachtete mich mit einer gewissen naiven Intelligenz. «Finden Sie mich furchtbar kalt?»

«Keinesfalls», sagte ich, «vielmehr durchaus das Gegenteil.» Ich nannte meinen Namen und bat um den ihren. Sie zauderte. «Mein Rufname ist Esmé. Ich glaube, meinen Familiennamen werde ich Ihnen einstweilen noch nicht nennen. Ich habe einen Adelstitel, und das könnte bei Ihnen Eindruck machen. Amerikaner sind so, müssen Sie wissen.»

Ich erwiderte, daß ich es zwar von mir nicht glaube, daß es aber jedenfalls ein guter Gedanke sei, den Titel noch eine Zeitlang zu verschweigen.

Im gleichen Augenblick verspürte ich in meinem Nacken einen warmen Atemhauch. Ich drehte mich rasch um und hätte um ein Haar Esmés kleinen Bruder mit einem Nasenkuß begrüßt. Er beachtete mich nicht, sondern rief seiner Schwester in schrillstem Diskant zu: «Miss Megley sagt, du sollst kommen und deinen Tee trinken!»

Nachdem er die Bestellung ausgerichtet hatte, verzog er sich auf den Stuhl zwischen mir und seiner Schwester, also rechts von mir. Ich betrachtete ihn sehr interessiert. Er war prächtig herausstaffiert: kurze braune Shetland-Hosen, ein marineblauer Sweater, ein weißes Hemd und ein gestreifter Schlips. Er starrte mich aus riesengroßen Augen an. «Warum küssen sich die Leute im Film immer schräg?» fragte er.

«Schräg?» wiederholte ich. Es war ein Problem, über das ich in meiner Kindheit auch nachgedacht hatte. Ich antwortete, es sei vermutlich deshalb, weil die Schauspieler zu große Nasen hätten, um sich in gerader Richtung zu küssen.

«Er heißt Charles», sagte Esmé. «Für sein Alter ist er enorm intelligent.»

«Er hat gewiß grüne Augen? Nicht wahr, Charles?»

Charles warf mir einen argwöhnischen Blick zu, den ich für meine Frage verdient hatte. Dann schlängelte er auf seinem Stuhl immer weiter nach vorn und nach unten, bis sein ganzer Körper unter dem Tisch steckte, ausgenommen der Kopf, den er wie bei der «Brücke» auf den Stuhlsitz aufstemmte. «Nein, sie sind orangerot», rief er mit verkrampfter Stimme, zur Decke gewandt. Er hob einen Zipfel des Tischtuchs auf und legte ihn über sein hübsches, undurchdringliches kleines Gesicht.

«Manchmal ist er sehr geistreich, und manchmal ist er's nicht», sagte Esmé. «Charles, setz dich aufrecht hin!»

Charles blieb in genau der gleichen Stellung, in der er sich befand. Er schien den Atem anzuhalten.

«Er vermißt unseren Vater sehr. Vater f-i-e-l* in Nordafrika.
Ich sprach ihr mein Bedauern darüber aus.

Esmé nickte. «Vater hat ihn abgöttisch geliebt.» Sie biß nachdenklich am Möndchen ihres Daumennagels herum. «Er sieht meiner Mutter sehr ähnlich. Charles, meine ich. Ich bin meinem Vater aus dem Gesicht geschnitten.» Sie knabberte weiter an der Nagelhaut. «Meine Mutter war eine ziemlich leidenschaftliche Natur. Sie war extrovertiert. Vater war introvertiert. Doch paßten sie recht gut zusammen – oberflächlich betrachtet. Um ganz aufrichtig zu sein: Vater hätte eine Gefährtin gebraucht, die intellektueller als meine Mutter war. Er war ein enorm begabtes Genie.»

Ich wartete aufnahmebereit auf weitere Informationen, die jedoch nicht kamen. Ich blickte hinunter zu Charles, der sein Gesicht jetzt mit der Seite auf den Stuhlsitz aufstemmte. Als er sah, daß ich ihn anblickte, schloß er schläfrig und engelhaft die Augen, steckte dann die Zunge heraus (ein Anhängsel von erstaunlicher Länge) und ließ hören, was bei uns eine tolle Rüge für einen kurzsichtigen Baseballschiedsrichter gewesen wäre. Sie erschütterte die ganze Teestube.

«Laß das!» sagte Esmé durchaus nicht erschüttert. «Er hat es von einem Amerikaner gelernt, der vor einem Fisch-Restaurant Schlange stand, und jetzt macht er es, sooft er sich langweilt. Laß das jetzt sein oder ich schicke dich sofort zu Miss Megley!»

Charles öffnete – zum Zeichen, daß er die Drohung seiner Schwester gehört hatte – seine riesengroßen Augen, sah aber sonst nicht weiter beunruhigt aus. Er schloß die Augen wieder und hielt die Wange noch immer seitlich auf dem Stuhlsitz.

Ich schlug vor, er solle sich das (womit ich den Bronx-Auspfiff meinte) für später aufheben, wenn er seinen Adelstitel zu führen begann. Das heißt, falls auch er einen Titel hatte.

Esmé warf mir einen langen Blick zu – eine Art Röntgenblick. «Sie haben trockenen Humor, nicht wahr?» meinte sie nachdenklich. «Vater sagte immer, ich hätte überhaupt keinen Sinn für Humor, und deshalb sei ich nicht gut für das Leben ausgerüstet, weil es mir an dem nötigen Humor fehle.»

Während ich mir eine Zigarette anzündete, beobachtete ich sie und sagte, ich glaube nicht, daß Sinn für Humor einem aus einer richtigen Klemme helfen könne.

«Vater hat gesagt, es hilft einem.»

*Sie buchstabiert, damit der Kleine es nicht verstehen soll.

Das war ein Glaubensbekenntnis, nicht ein Widerspruch, und ich schaltete rasch um. Ich nickte und sagte, ihr Vater habe wahrscheinlich auf weite Sicht gedacht, während ich nur vom Naheliegenden gesprochen habe (weiß der Kuckuck, was ich damit meinte!).

«Charles vermißt ihn ungemein. Er war ein ungemein liebenswerter Mensch. Er sah auch enorm gut aus. Nicht etwa, daß eines Menschen Aussehen so besonders wichtig wäre – aber er sah gut aus. Er hatte schrecklich perzeptible Augen – für einen Mann, der immanent gütig war.»

Ich nickte. Ich bemerkte, ich könne mir vorstellen, daß ihr Vater einen ganz erstaunlichen Wortschatz besessen habe.

«O ja, ziemlich», sagte Esmé. «Er war Archivar. Amateur natürlich.»

Hier spürte ich einen lästigen Klaps, fast einen Knuff, auf dem Oberarm, der von Charles herrühren mußte. Ich drehte mich um. Er saß jetzt in halbwegs normaler Stellung auf seinem Stuhl – abgesehen davon, daß er einen Fuß auf den Stuhl gezogen hatte, um darauf zu sitzen. «Was hat die eine Wand zur anderen Wand gesagt?» fragte er schrill. «Es ist ein Rätsel!»

Ich rollte nachdenklich die Augen, sah zur Decke auf und wiederholte die Frage. Dann blickte ich Charles mit verblüffter Miene an und sagte, ich wisse es nicht.

«Ich treff dich an der Ecke!» kam die Pointe mit vollster Stimmstärke. Am meisten war Charles selber begeistert. Er fand es unsagbar komisch. Esmé mußte sogar aufstehen und ihm auf den Rücken klopfen, als ob er sich verschluckt hätte. «Jetzt hör endlich auf!» rief sie. Dann kehrte sie an ihren Platz zurück. «Das gleiche Rätsel erzählt er jedem, den er trifft, und jedesmal hat er einen Lachanfall. Gewöhnlich sabbert er auch noch, wenn er lacht. Jetzt hör doch bitte auf!»

«Trotzdem – es ist eins der besten Rätsel, die ich je gehört habe», sagte ich und beobachtete Charles, der sich nur allmählich erholte. Als Dank für mein Kompliment rutschte er auf seinem Stuhl beträchtlich tiefer und bedeckte sein Gesicht wieder bis zu den Augen mit dem Tischtuch. Dann blickte er mich aus halb verdeckten Augen an, die voll langsam verebbenden Gelächters standen und den ganzen Stolz eines Menschen ausdrückten, der ein oder zwei wirklich gute Rätsel wußte. «Darf ich mich erkundigen, wo Sie angestellt waren, ehe Sie ins Heer eintraten?» fragte Esmé.

Ich antwortete, daß ich überhaupt nicht angestellt gewesen sei, sondern erst vor einem Jahr die Hochschule verlassen hätte, daß ich mich aber gern als Schriftsteller betrachte, der das Schreiben von Kurzgeschichten zu seinem Beruf macht.

Sie nickte höflich. «Schon veröffentlicht?» fragte sie.

Es war eine vertraute, aber stets heikle Frage – und eine, die ich nicht einfach im Handumdrehen beantwortete. Ich begann zu erklären, die meisten amerikanischen Verleger seien eine Bande . . .

«Mein Vater schrieb herrlich», unterbrach mich Esmé. «Ich bewahre eine Anzahl seiner Briefe für die Nachwelt auf.»

Ich entgegnete, daß ich das für einen sehr guten Einfall hielte. Zufällig blickte ich wieder auf die wie ein Chronograph aussehende Armbanduhr mit dem riesengroßen Zifferblatt. Ich fragte, ob sie ihrem Vater gehört habe.

Sie blickte ernst auf die Uhr. «Ja», erwiderte sie. «Er hat sie mir geschenkt, kurz bevor Charles und ich evakuiert wurden!» Scheu nahm sie die Hände vom Tisch und sagte: «Natürlich nur als ein Memento.» Sie lenkte die Unterhaltung in andere Bahnen. «Ich würde mich enorm geschmeichelt fühlen, wenn Sie eines Tages eine Erzählung ausschließlich für mich schreiben würden. Ich bin eine interessierte Leserin.»

Ich entgegnete, daß ich es bestimmt tun würde, wenn ich könnte. Ich erklärte ihr, daß ich nicht sehr fruchtbar sei.

«Fruchtbar braucht sie auch nicht zu sein. Nur so, daß sie nicht kindisch und banal ist.» Sie dachte nach. «Ich ziehe Geschichten über Unrat vor.»

«Worüber?» fragte ich und lehnte mich vor.

«Über Unrat! Ich interessiere mich enorm für Unrat!»

Ich war im Begriff, sie um weitere Einzelheiten zu bitten, aber ich spürte, wie mich Charles kräftig in den Arm kniff. Ich fuhr leicht zusammen und wandte mich ihm zu. Er stand dicht neben mir.

«Was hat die eine Wand zu der anderen Wand gesagt?» fragte er.

«Das hast du ihn bereits gefragt!» rief Esmé. «Nun hör schon damit auf!»

Er beachtete seine Schwester nicht, sondern stieg mir auf den Fuß und wiederholte seine Haupt- und Staatsfrage. Ich bemerkte, daß der Knoten seiner Krawatte nicht richtig saß. Ich schob ihn höher hinauf, dann blickte ich ihn fest an und äußerte versuchsweise: «Ich treff dich an der Ecke.»

Im Augenblick, da ich es sagte, wünschte ich schon, es wäre mir nicht entschlüpft. Charles sperrte sprachlos den Mund auf. Mir war zumute, als hätte ich ihn geschlagen. Er stieg von meinem Fuß herunter, und weißglühend vor gekränkter Würde kehrte er an seinen Tisch zurück, ohne sich umzusehen.

«Er ist wütend», sagte Esmé. «Er hat ein cholerisches Temperament.

Meine Mutter neigte dazu, ihn zu verwöhnen. Mein Vater war der einzige, der ihn nicht verwöhnte.»

Ich blickte dauernd zu Charles hinüber, der sich hingesetzt hatte und anfing, seinen Tee zu trinken, wobei er die Tasse mit beiden Händen hielt. Ich hatte gehofft, daß er sich umwenden würde, aber er tat es nicht.

Esmé stand auf. «*Il faut que je parte aussi*», sagte sie seufzend. «Können Sie Französisch?»

Ich erhob mich auch – mit einer Mischung aus Bedauern und Verwirrung. Esmé und ich reichten uns die Hand; ihre Hand war, wie ich vermutet hatte, eine nervöse Hand, die im Handteller feucht war. Ich sagte ihr auf englisch, wie sehr ich ihre Gesellschaft genossen hätte.

Sie nickte. «Ich dachte mir's schon. Für mein Alter bin ich sehr unterhaltsam.» Sie fuhr wieder tastend über ihr Haar. «Es tut mir furchtbar leid wegen meiner Haare», sagte sie. «Ich habe Ihnen sicher einen häßlichen Anblick geboten?»

«Durchaus nicht. Ich glaube sogar, daß manche Wellen schon wieder da sind.»

Sie berührte das Haar rasch noch einmal «Nehmen Sie an, daß Sie in der nächsten Zeit wieder hierherkommen?» fragte sie. «Wir kommen jeden Samstag nach dem Chorsingen her.»

Ich antwortete, daß mir nichts lieber wäre; unglücklicherweise sei ich aber ziemlich sicher, daß es mir nicht wieder möglich sein würde.

«Mit anderen Worten: Truppenbewegungen können Sie nicht diskutieren», sagte Esmé. Sie machte keine Anstalten, meinen Tisch zu verlassen, vielmehr kreuzte sie einen Fuß über den anderen, blickte nach unten und brachte all ihre Zehen in eine gerade Linie. Es war eine reizende kleine Vorführung, denn sie trug weiße Söckchen, und ihre Knöchel und Füße waren allerliebst. Plötzlich sah sie mich an. «Hätten Sie es gern, wenn ich Ihnen schriebe?» fragte sie, und ein wenig Farbe stieg in ihr Gesicht. «Ich schreibe enorm artikulierte Briefe für ein Mädchen meines . . .»

«Ich würde mich sehr freuen!» Ich holte einen Stift und Papier hervor und schrieb meinen Namen, Rang und Kennmarke und Militärpostnummer auf.

«Ich werde Ihnen zuerst schreiben», sagte sie, als sie den Zettel entgegennahm, «damit Sie sich nicht im geringsten kompromittiert fühlen.» Sie steckte die Anschrift in eine Tasche ihres Kleides. «Leben Sie wohl!» sagte sie und kehrte an ihren Tisch zurück.

Ich bestellte noch eine Kanne Tee und beobachtete die beiden, bis sie und die gepeinigte Miss Megley sich erhoben, um hinauszugehen. Charles führte an, wobei er kläglich hinkte, wie ein Mann, dessen eines Bein mehrere Zoll kürzer als das andere ist. Er gönnte mir keinen Blick. Miss Megley kam als nächste und dann Esmé, die mir zuwinkte. Ich winkte auch und erhob mich halb. Für mich war es ein merkwürdig rührender Augenblick.

Keine Minute darauf trat Esmé wieder in die Teestube und schleppte Charles am Ärmel seiner Kadettenjacke hinter sich her. «Charles möchte sich gern mit einem Kuß von Ihnen verabschieden», sagte sie.

Ich stellte sofort meine Tasse hin und sagte, das sei ja sehr nett von ihm, aber ob er es tatsächlich wolle?

«Ja», antwortete sie ein bißchen ergrimmt. Sie ließ Charles' Ärmel los und gab ihm einen ziemlich kräftigen Stoß vorwärts und auf mich zu.

Mit blassen Gesicht trat er vor und gab mir einen lauten, nassen Schmatz auf die Wange, unterhalb von meinem rechten Ohr. Im Anschluß an die schwere Prüfung wollte er schnurstracks kehrtmachen und auf die Tür und ein weniger sentimentales Leben zusteuern, doch ich erhaschte ihn beim Gürtel seiner Jacke, hielt ihn daran fest und fragte:

«Was hat die eine Wand zur anderen Wand gesagt?»

Sein Gesicht leuchtete auf. «Ich treff dich an der Ecke!» kreischte er und stürzte aus der Teestube, vermutlich von Lachkrämpfen geschüttelt.

Esmé stand wieder mit übereinandergeschlagenen Füßen da. «Werden Sie auch ganz bestimmt nicht vergessen, eine Erzählung für mich zu schreiben?» fragte sie. «Sie braucht ja nicht *ganz ausschließlich* für mich zu sein. Sie kann . . .»

Ich versprach ihr, daß ich es auf keinen Fall vergessen würde. Ich sagte ihr, daß ich noch nie eine Erzählung *für* jemand geschrieben habe, aber jetzt schiene mir genau der richtige Zeitpunkt dafür gekommen zu sein.

Sie nickte. «Sie müssen es mit enorm viel Unrat und Gefühl machen. Sind Sie überhaupt mit Unrat vertraut?»

Ich erwiderte, eigentlich noch nicht, aber in einer oder der anderen Form würde ich wohl allmählich damit vertrauter werden, und ich würde mir die größte Mühe geben, ihre Anweisungen zu befolgen. Wir reichten uns die Hand.

«Ist es nicht bedauerlich, daß wir uns nicht unter weniger kompromittierenden Umständen kennenlernten?»

Ich sagte ja, ich sagte, ganz bestimmt habe sie damit recht.

«Leben Sie wohl», sagte Esmé. «Ich hoffe, daß Sie psychologisch intakt aus dem Krieg zurückkehren!»

Ich dankte ihr und sagte noch ein paar Worte, und dann sah ich ihr nach, wie sie die Teestube verließ. Sie verließ sie langsam und nachdenklich und befühlte dabei die Spitzen ihrer Haare, wieweit sie wohl trocken seien.

Nun kommen «Unrat und Gefühl» in die Erzählung, und der Schauplatz wechselt. Auch die Personen sind andere. Ich bin zwar noch dabei, aber von jetzt an habe ich (aus Gründen, die zu enthüllen mir nicht gestattet ist) mich so geschickt maskiert, daß es selbst dem scharfsinnigsten Leser nicht gelingen wird, mich zu erkennen. Es war ungefähr halb elf Uhr abends in Gaufurt in Bayern und mehrere Wochen nach dem 8. Mai 1945. Stabsunteroffizier X. saß in seinem Zimmer im zweiten Stock des Bürgerhauses, in dem er und neun andere amerikanische Soldaten noch vor dem Waffenstillstand einquartiert worden waren. Er saß auf einem hölzernen Klappstuhl vor einem unsauber aussehenden Schreibtisch; vor ihm war ein Taschenbuchroman aufgeschlagen, den er sehr mühsam zu lesen fand. Das lag jedoch an ihm und nicht an dem Roman. Obwohl die anderen, die den ersten Stock bewohnten, sich meistens zuerst etwas von der Büchersendung aussuchten, die jeden Monat vom *Special Service* geschickt wurde, schien doch für X. stets *das* Buch übrigzubleiben, das er selbst gewählt hätte. Aber er war ein junger Mann, der den Krieg nicht ohne psychische Schäden überstanden hatte, und seit mehr als einer Stunde hatte er jeden Abschnitt dreimal lesen müssen, und jetzt machte er es mit jedem Satz ebenso. Ein Weilchen schützte er seine Augen mit der Hand vor dem grell blendenden Licht der unverhüllten Birne über dem Tisch.

Er nahm eine Zigarette aus dem Päckchen auf dem Tisch und zündete sie an, wobei seine Finger unaufhörlich leise gegeneinanderschlugen. Er lehnte sich ein wenig in seinen Stuhl zurück und rauchte, ohne auch nur im geringsten etwas zu schmecken. Seit Wochen war er Kettenraucher. Sein Zahnfleisch blutete, selbst wenn er noch so leicht mit der Zungenspitze dagegenstieß, und er probierte es fast unaufhörlich: es war ein Spielchen, dem er sich manchmal stundenlang überließ. Einen Augenblick saß er da, rauchte und probierte. Dann plötzlich – und wie stets ohne Warnung – war das bekannte Gefühl wieder da, als ob sich sein Denken selbständig machte und wie schlecht verstautes Gepäck oben in einem Gepäcknetz herumrutschte. Rasch tat er, was er schon seit Wochen getan hatte, um alles einzurenken: er preßte die Hände heftig gegen die Schläfen. Einen Augenblick hielt er sie so. Sein Haar mußte geschnitten werden, und es war schmutzig. Während des vierzehntägigen Aufenthalts in Frankfurt am Main hatte er es drei- oder viermal gewaschen, aber auf der langen, staubigen Fahrt im Jeep zurück nach Gaufurt, war es wieder schmutzig geworden. Korporal Z., der ihn im Hospital abgeholt hatte, fuhr seinen Jeep noch immer kampfbereit mit der Windschutzscheibe auf dem Kühler, einerlei, ob schon Waffenstillstand war oder nicht. In Deutschland standen jetzt Tausende neuer Truppen. Korporal Z. hoffte, wenn er kampfbereit und mit heruntergelassener Windschutzscheibe führe, könne er beweisen, daß er keiner von denen war, nein, nicht geschenkt war er einer von den neuen Schweinehunden auf dem europäischen Kriegsschauplatz.

Als X. die Hände von den Schläfen nahm, begann er auf die Schreibtischplatte zu starren, die ein Sammelplatz für mindestens zwei Dutzend ungeöffneter Briefe und mindestens fünf oder sechs ungeöffnete Päckchen war, die alle seine Anschrift trugen. Er langte über das Sammelsurium hinweg und holte sich ein Buch, das gegen die Wand gelehnt stand. Es war ein Buch von Goebbels mit dem Titel «*Die Zeit ohne Beispiel*». Es gehörte der achtunddreißigjährigen unverheirateten Tochter der Leute, die bis vor wenigen Wochen in dem Haus hier gewohnt hatten. Sie war eine Funktionärin in der Nazi-Partei gewesen, von niedrigem Rang, jedoch hoch genug, um nach den Armee-Vorschriften unter die Kategorie «Sofort-Verhaftung» zu fallen. X. hatte sie selbst verhaftet. Jetzt öffnete er zum drittenmal seit seiner Rückkehr aus dem Hospital das Buch der Tochter und las die kurze Eintragung auf dem Vorsatzpapier. Auf deutsch standen dort mit Tinte in trostlos aufrichtiger Handschrift die Worte «Mein Gott, das Leben ist eine Hölle!» Nichts davor oder danach. In der kränklichen Stille des Zimmers nahmen die Worte, die so allein auf der leeren Seite standen, die Wucht einer unwiderleglichen, ja sogar klassischen Anklage an. X. starrte mehrere Minuten lang auf die Seite und versuchte, sich nicht davon überwältigen zu lassen — sosehr er auch im Nachteil war. Dann griff er mit weit größerem Eifer, als er ihn seit Wochen gezeigt hatte, nach einem Bleistiftstummel und schrieb auf englisch unter die Eintragung: «Vater und Lehrer, ich überlege: ‹Was ist das, die Hölle?› Ich behaupte, es ist die Qual, der Liebe unfähig zu sein.» Er fing an, Dostojewskijs Namen unter seine Eintragung zu setzen, sah aber — mit einem Schauder, der seinen ganzen Körper ergriff —, daß die Worte, die er geschrieben hatte, fast gänzlich unentzifferbar waren. Er schloß das Buch.

Rasch nahm er etwas anderes vom Tisch auf: einen Brief von seinem älteren Bruder in Albany. Der Brief hatte schon auf seinem Tisch gelegen, noch ehe er ins Hospital eingeliefert wurde. Er öffnete ihn und war halb entschlossen, den Brief gleich ganz zu lesen, doch las er nur die obere Hälfte der ersten Seite. Er gab es nach den folgenden Worten auf: «Seit nun der verd . . . Krieg vorbei ist und du drüben wahrscheinlich eine Menge Zeit hast, wäre es nett, wenn du den Kindern ein paar Bajonette oder Hakenkreuze schicken . . .» Nachdem er den Brief zerrissen hatte, blickte er auf die Fetzen, die im Papierkorb lagen. Er bemerkte, daß er eine beigefügte Fotografie übersehen hatte. Er konnte ein paar Füße erkennen, die irgendwo auf einem Rasen zu stehen schienen.

Er legte die Arme auf den Tisch und barg seinen Kopf darauf. Vom Kopf bis zu den Füßen tat ihm alles weh, und alle die verschiedenen Schmerz-Zonen schienen untereinander verbunden zu sein. Er war wie ein Weihnachtsbaum, dessen serienweise verbundenen Lichter allesamt erlöschen mußten, wenn auch nur eine einzige Birne schadhaft war.

Die Tür flog auf, ohne daß jemand angeklopft hätte. X. hob den Kopf, drehte ihn um und sah Korporal Z. auf der Schwelle stehen. Korporal Z. war seit dem Landungstag und während der anschließenden fünf Feldzüge der Jeep-Partner und ständige Begleiter des Stabsunteroffiziers X. gewesen. Er wohnte im ersten Stock und besuchte X. meistens, sobald er ein paar Gerüchte oder Meckereien abzuladen hatte. Er war ein riesengroßer, fotogener junger Mann von vierundzwanzig Jahren. Während des Krieges hatte ihn eine amerikanische Zeitung im Hürtgen-Wald fotografiert; er hatte – nicht nur aus Gefälligkeit – für sie posiert, in jeder Hand einen Erntedank-Truthahn.

«Schreibst du Briefe?» fragte er. «Gott im Himmel, hier ist's gruselig!» Er betrat ein Zimmer am liebsten, wenn auch das Deckenlicht brannte.

X. drehte sich auf seinem Stuhl herum, forderte ihn auf, hereinzukommen, aber nicht auf den Hund zu treten.

«Auf wen?»

«Auf Alvin. Er liegt dir ja grad vor den Füßen, Clay! Mach doch das verdammte Licht an!»

Clay fand den Schalter für die Deckenlampe, schaltete an, ging dann durch das winzige Zimmer von der Größe einer Dienstbotenkammer und setzte sich dem Unteroffizier gegenüber auf die Bettkante. Sein ziegelrotes Haar, das er gerade gekämmt hatte, tropfte noch von all dem Wasser, das er brauchte, um für seine Begriffe befriedigend gepflegt auszusehen. Aus der rechten Brusttasche seiner olivbraunen Bluse schauten wie immer sein Kamm und der Halter einer Füllfeder hervor. Über der linken Tasche trug er das Frontkämpfer-Abzeichen (das zu tragen er eigentlich nicht berechtigt war), das Band für Verdienste auf dem europäischen Kriegsschauplatz mit fünf Bronzesternen (statt eines einsamen Silbersterns, der soviel wie fünf Bronzesterne galt) und das Band für Dienste vor dem Pearl-Harbour-Tag.

Er seufzte tief und sagte: «Gerechter Gott!» Es hatte weiter nichts zu bedeuten, es war einfach die Armee. Er zog ein Päckchen mit Zigaretten aus der Brusttasche, klopfte eine ab, steckte das Päckchen wieder weg und knöpfte den Taschenumschlag darüber. Während er rauchte, blickte er sich gedankenlos im Zimmer um. Schließlich blieben seine Blicke am Radio haften. «Heh», sagte er, «in ein paar Minuten kommt das tolle Programm im Radio – mit Bob Hope und allen.»

X. öffnete ein frisches Päckchen Zigaretten und sagte, er hätte das Radio gerade abgestellt.

Ohne sich entmutigen zu lassen, beobachtete Clay den anderen, wie er versuchte, sich eine Zigarette anzuzünden. «Herrjeh», rief er mit aller Begeisterung eines Zuschauers, «du solltest mal deine verdammten Hände sehen! Junge, was du den Tatterich hast! Weißt du's überhaupt?»

X. gelang es, die Zigarette anzuzünden. Er nickte und sagte, Clay entginge auch rein gar nichts.

«Mach keine Witze, ja? Ich wär, verdammt, beinah in Ohnmacht gefallen, als ich dich im Hospital gesehen hab. Wie 'ne gottverdammte *Leiche* hast du ausgesehn! Wieviel hast du 'n abgenommen? Wieviel Pfund? Weißt du das?»

«Ich weiß nicht. Wie war's mit deiner Post, während ich fort war? Hast du von Loretta gehört?»

Loretta war Clays Freundin. Sie wollten so bald wie möglich heiraten. Sie schrieb ihm ziemlich regelmäßig aus einem Paradies mit dreifachen Ausrufungszeichen und ungenauen Beobachtungen. Während des ganzen Krieges hatte er X. all seine Briefe von Loretta laut vorgelesen, einerlei, wie intim sie waren, oder vielmehr: je intimer, desto besser. Er hatte es sich angewöhnt, jedesmal nach dem Vorlesen X. zu bitten, sich einen Antwortbrief auszudenken oder zu entwerfen oder ein paar eindrucksvolle deutsche oder französische Brocken einzuflechten.

«Ja, gestern hatte ich einen Brief von ihr. Ist in meinem Zimmer unten. Zeig ihn dir später», sagte Clay gleichgültig. Er richtete sich auf, hielt den Atem an und förderte einen langen, lauten Rülpser zutage. Die Leistung schien ihn nur halb zu befriedigen, und er sackte wieder in sich zusammen. «Ihr verdammter Bruder wird aus der Marine entlassen»,

sagte er, «wegen seiner Hüfte. Hat sich die Hüfte zugelegt, der Bastard!»
Er richtete sich wieder auf und versuchte noch einen Rülpser, aber das
Ergebnis blieb unter dem Durchschnitt. Dann flog ein flüchtiges Auf-
blitzen über sein Gesicht. «Heh, bevor ich's vergesse! Morgen früh sol-
len wir um fünf aufstehen und nach Hamburg oder daherum fahren.
Sollen für die ganze Abteilung Eisenhower-Jacken holen.»

X. blickte ihn feindselig an und erklärte, er brauche keine Eisen-
hower-Jacke.

Clay betrachtete ihn überrascht, fast ein wenig gekränkt. «Oh, sie
sind aber gut! Sie sehen gut aus! Warum denn nicht?»

«Hab keine Gründe. Warum müssen wir um fünf aufstehen? Der
Krieg ist zu Ende, zum Kuckuck noch mal!»

«Ich weiß ja auch nicht. Zum Mittagessen sollen wir zurück sein. Sie
haben neue Formulare bekommen, die wir noch vor dem Mittagessen
ausfüllen müssen. Ich hab Bullig gefragt, warum wir sie nicht heut
abend ausfüllen können – er hat die verdammten Formulare nämlich
schon längst auf seinem Pult liegen. Will einfach die Umschläge noch
nicht aufmachen, der verdammte Schweinehund!»

Beide saßen eine Zeitlang stumm da und dachten voller Abscheu an
Bulling.

Clay beobachtete X. plötzlich mit neuem, noch größerem Interesse.

«Heh», rief er, «weißt du, daß deine verdammte Backe dauernd
zuckt?»

X. antwortete, daß er es wisse, und bedeckte seinen Tic mit der Hand.

Clay glotzte ihn einen Augenblick an, dann sagte er ganz munter und
als ob er der Überbringer einer außergewöhnlich guten Nachricht wäre: «Ich hab Loretta geschrieben, daß du einen Nervenzusammenbruch
gehabt hast.»

«So?»

«Ja. Sie interessiert sich ganz verteufelt für all solch Zeugs. Psychologie ist ihr Hauptfach.» Clay legte sich der Länge nach – mitsamt seinen
Schuhen – aufs Bett. «Weißt du, was sie gesagt hat? Sie sagt, bloß vom
Krieg und so weiter bekommt keiner einen Nervenzusammenbruch. Sie
sagt, wahrscheinlich bist du dein ganzes verdammtes Leben lang schon
labil gewesen.»

X. schirmte die Augen mit der Hand ab – das Licht über dem Bett
schien ihn zu blenden – und erwiderte, Lorettas Erkenntnisse seien immer herzerfrischend.

Clay warf ihm einen Blick zu. «Hör mal, du Bastard», rief er, «sie ver-
steht verdammt viel mehr von Psychologie als *du*!»

«Was meinst du: Würdest du es wohl fertigbringen, deine Schweiß-
quanten von meinem Bett zu nehmen?» fragte X.

Während einiger Sekunden (du hast mir gar nichts zu sagen) ließ Clay
seine Füße, wo sie waren, dann schwenkte er sie hoch und setzte
sich. «Ich muß sowieso nach unten. In Walkers Zimmer läuft das
Radio.» Aber er erhob sich noch nicht. «Heh, ich hab grad dem neuen
Schweinehund unten, dem Bernstein, von Valognes erzählt. Erinnerst
du dich noch, wie du und ich nach Valognes fuhren, und zwei gottverdammte Stunden lang wurden wir beschossen, und weißt du noch die
verdammte Katze, die ich abgeknallt habe und die auf den Kühler ge-
sprungen war, als wir in dem verdammten Loch lagen? Weißt du's
noch?»

«Ja. Fang bloß nicht wieder von der Geschichte mit der Katze an,
Clay, verdammt noch mal! Ich will nichts mehr davon hören!»

«Ach, ich mein ja auch bloß, ich hab's Loretta geschrieben. In ihrer
Psychologieklasse haben sie über den Fall gesprochen. Sie sagt, ich sei
vorübergehend geistesgestört gewesen. Ja, im Ernst. Von den Bomben
und so . . .»

X. kämmte sich mit den fünf Fingern durch sein schmutziges Haar,
dann beschirmte er wieder die Augen gegen das Licht. «Du warst nicht
wahnsinnig. Du hast einfach deine Pflicht erfüllt. Du hast die Katze so
mannhaft erschossen, wie man's unter den Umständen nicht besser hätte tun können.»

Clay blickte ihn mißtrauisch an. «Was meinst du eigentlich, zum Teufel?»

«Die Katze war ein Spion. Du mußtest sie abknallen. Sie war ein sehr
gescheiter deutscher Zwerg, der sich in einen billigen Pelzmantel ver-
kleidet hatte. Daher war es also durchaus nicht roh oder grausam oder
gemein oder auch . . .»

«Gottverdammich!» rief Clay, und seine Lippen wurden schmal.
«Kannst du denn nie *ernst* sein?»

X. wurde es plötzlich übel, und er drehte sich auf seinem Stuhl um
und erwischte – noch gerade rechtzeitig – den Papierkorb.

Als er sich aufgerichtet hatte und seinem Besucher zuwandte, bemerkte er, daß Clay etwas verlegen halbwegs zwischen Bett und Tür
stand. X. wollte sich entschuldigen, besann sich aber und griff nach seinen Zigaretten.

«Komm mit nach unten und hör dir Hope im Radio an, ja?» sagte
Clay – etwas auf Abstand, aber guten Willens, freundlich zu sein. «Es
wird dir guttun. Im Ernst!»

«Geh nur los, Clay . . . Ich schaue meine Briefmarkensammlung durch!»

«So? Hast du eine Briefmarkensammlung? Hab nicht gewußt, daß du eine . . .»

«Ich mach bloß Spaß!»

Clay näherte sich mit langsamen Schritten der Tür. «Später fahr ich vielleicht nach Ehstadt», sagte er. «Da ist eine Tanzerei. Dauert wahrscheinlich bis gegen zwei. Möchtest du mit?»

«Nein, danke. Kann ja hier in meinem Zimmer ein paar Tanzschritte versuchen.»

«O. K. Gute Nacht! Nimm's nicht so schwer, Menschenskind!» Die Tür fiel krachend ins Schloß und wurde sofort wieder geöffnet. «Heh – ist's dir recht, wenn ich einen Brief an Loretta unter die Tür schiebe? Hab ein bißchen Deutsch drin. Bringst du's mir in Ordnung?»

«Ja. Laß mich jetzt in Ruhe, verdammt noch mal!»

«Gut», sagte Clay. «Weißt du, was mir meine Mutter geschrieben hat? Sie hat mir geschrieben, wie froh sie ist, daß du und ich den ganzen Krieg über zusammen sind. Im gleichen Jeep und überhaupt. Sie sagt, meine Briefe sind verteufelt viel gescheiter, seit wir befreundet sind.»

X. blickte auf, sah ihn an und brachte mit großer Anstrengung hervor: «Danke! Schreib ihr, ich ließe ihr danken.»

«Gern! Gute Nacht!» Die Tür krachte zu, und diesmal blieb sie geschlossen.

X. saß da und starrte lange zuerst auf die Tür, dann drehte er den Stuhl zum Schreibtisch herum und hob seine Reiseschreibmaschine vom Fußboden auf. Er schaffte auf der unordentlichen Schreibtischplatte etwas Platz und schob den umgestürzten Haufen ungeöffneter Briefe und Päckchen beiseite. Er dachte, wenn er einem alten Freund in New York einen Brief schriebe, könne er dabei vielleicht eine rasche, wenn auch noch so geringfügige Linderung finden. Aber er konnte das Briefpapier nicht richtig unter die Walze klemmen, so heftig zitterten seine Finger jetzt. Er ließ die Hände sinken, und schließlich zerknüllte er das Briefblatt.

Er wußte, daß er den Papierkorb aus dem Zimmer schaffen sollte, aber anstatt etwas zu unternehmen, legte er seinen Arm auf die Schreibmaschine, barg wieder den Kopf darauf und machte die Augen zu.

Ein paar hämmernde Minuten vergingen, dann schlug er die Augen auf und merkte, daß er ein kleines, ungeöffnetes Päckchen anschielte, das in grünes Papier eingewickelt war. Vermutlich war es von dem

Haufen Post heruntergerutscht, als er für die Schreibmaschine Platz geschafft hatte. Er sah, daß es mehrfach umadressiert worden war. Auf einer einzigen Seite entdeckte er allein drei seiner ehemaligen Militäradressen.

Er öffnete das Päckchen ohne irgendwelches Interesse und ohne auch nur auf den Absender zu blicken. Er öffnete es, indem er die Schnur mit einem brennenden Streichholz durchbrannte. Zuzuschauen, wie die Schnur gänzlich herunterbrannte, interessierte ihn mehr als das Päckchen selbst, doch schließlich öffnete er es.

In der Schachtel lag ein kleiner, mit Tinte beschriebener Zettel auf einem in Seidenpapier gewickelten Gegenstand. Er nahm den Zettel in die Hand und las ihn.

Lieber Unteroffizier X.   *7. Juni 1944*

Hoffentlich vergeben Sie mir, weil es achtunddreißig Tage gedauert hat, bis ich mit unserem Briefwechsel begann, aber ich war enorm in Anspruch genommen, weil meine Tante sich eine Streptokokken-Angina zugezogen hatte und fast daran zugrunde ging, und mir wurde eine Verantwortlichkeit nach der anderen aufgebürdet, was nur recht und billig ist. Ich habe jedoch häufig an Sie und an den enorm angenehmen Nachmittag gedacht, den wir am 30. April 1944 zwischen drei Uhr fünfundvierzig und vier Uhr fünfzehn zusammen verbracht haben (falls es ihrem Gedächtnis entfallen sein sollte). Wegen der Landung sind wir alle ungeheuer erregt und aufgewühlt und hoffen nur, daß der Tag das baldige Ende des Krieges sowie einer Daseins-Methode mit sich bringen möge, die, um es milde auszudrücken, lächerlich ist. Charles und ich machen uns reichlich Sorgen um Sie. Wir hoffen, daß Sie nicht zu den Truppen gehörten, die den ersten einleitenden Angriff auf die Cotentin-Halbinsel unternahmen. Oder doch? Bitte antworten Sie so umgehend wie nur möglich! Meine wärmsten Empfehlungen an Ihre Gattin!

Mit vorzüglicher Hochachtung

Esmé

P.S. Ich gestatte mir, meine Armbanduhr beizufügen, die Sie während der Dauer des Konflikts in ihrem Besitz behalten mögen. Es ist mir nicht aufgefallen, ob Sie während unseres kurzen Beisammenseins eine Uhr trugen, doch diese hier ist enorm solide gegen Wasser- und SchockEinwirkung und hat viele andere Qualitäten, darunter auch die, daß man, falls erwünscht, feststellen kann, mit welcher Geschwindigkeit man marschiert. Ich bin fest überzeugt, daß Sie die Uhr in den jetzigen schwe-

ren Zeiten mit größerem Vorteil als ich benutzen können und daß Sie sie als glücksbringenden Talisman annehmen sollten.

Charles, den ich im Lesen und Schreiben unterrichte und der, wie es sich zeigt, ein enorm intelligenter Novize ist, wünscht ein paar Worte hinzuzufügen. Bitte schreiben Sie, sobald Sie Zeit haben und Neigung verspüren!

HALLO HALLO HALLO HALLO
HALLO HALLO HALLO HALLO
HALLO HALLO HALLO HALLO

Es dauerte lange, bis X. den Zettel beiseite legte, und erst recht, bis er die Armbanduhr von Esmés Vater aus der Schachtel nahm. Als er sie endlich hervorholte, entdeckte er, daß bei dem Versand das Uhrglas zerbrochen war. Er fragte sich, ob die Uhr sonst unbeschädigt geblieben sei, hatte jedoch nicht den Mut, sie aufzuziehen, um es festzustellen. Er saß nur lange Zeit mit der Uhr in der Hand da. Dann fühlte er sich plötzlich und beinahe beglückt schläfrig.

Angenommen, ein Mann ist wirklich schläfrig, Esmé, dann hat er immer noch Aussicht, wieder ein Mann zu werden, der psy-, p-s-y-c-h-o-l-o-g-i-s-c-h intakt ist.

Hübscher Mund,
grün meine Augen

Als das Telefon läutete, fragte der grauhaarige Mann die junge Frau –
und zwar ziemlich rücksichtsvoll –, ob es ihr etwa aus irgendeinem
Grunde lieber wäre, wenn er den Hörer nicht abnähme. Sie hörte ihn
wie aus weiter Ferne und wandte ihm ihr Gesicht zu: das eine, dem Licht
zugekehrte Auge war zugekniffen, das andere wirkte, obwohl es täuschen mochte, sehr groß und war von einem Blau, das fast veilchenfar-
ben erschien. Der grauhaarige Mann bat sie, sich rasch zu entscheiden,
und sie stützte sich auf den Unterarm und richtete sich gerade eben
schnell genug auf, um nicht vollkommen gleichgültig zu wirken. Mit
der linken Hand strich sie sich das Haar aus der Stirn und sagte: «Gott!
Ich weiß auch nicht. Was meinst *du* denn?» Der grauhaarige Mann erwiderte, er fände, daß es ohnehin nicht so wichtig wäre, und seine linke
Hand schlüpfte oberhalb des Ellbogens um den Arm, auf den sich die
junge Frau stützte, und die Finger tasteten sich höher hinauf und ver-
schafften sich zwischen den warmen Flächen ihres Oberarmes und
Brustkorbes einen Unterschlupf. Mit der rechten Hand griff er nach
dem Telefon. Um es mühelos zu erreichen, mußte er sich ein wenig auf-
richten, und dadurch streifte sein Hinterkopf eine Ecke des Lampen-
schirmes. Hierbei fiel das Licht ziemlich grell, aber auch besonders
schmeichelhaft auf sein graues, beinahe weißes Haar. Obschon es im
Augenblick unordentlich war, mußte es offenbar kürzlich geschnitten
oder vielmehr gepflegt worden sein. Nackenlinie und Schläfen waren
wie üblich knapp ausrasiert, an den Seiten und oben war es jedoch mehr
als reichlich lang und sah tatsächlich etwas «distinguiert» aus. «Hallo?»
rief er mit klangvoller Stimme ins Telefon. Die junge Frau blieb, auf den
Unterarm gestützt, liegen und beobachtete ihn. Ihre Augen waren eigentlich nicht aufmerksam oder überlegend, sondern einfach geöffnet,
so daß vor allem Form und Farbe auffielen.

Eine Männerstimme, die wie tot war und sich nun doch unmanier-
lich, ja fast widerlich belebte, fragte am anderen Ende der Leitung:
«Lee? Habe ich Sie geweckt?»

Der grauhaarige Mann blickte flüchtig nach links und auf das Mädchen. «Wer ist dort?» fragte er. «Arthur?»

«Ja. Habe ich Sie geweckt?»

«Nein, nein! Ich bin im Bett. Ich lese. Ist was los?»

«Habe ich Sie bestimmt nicht geweckt? Im Ernst nicht?»

«Nein, nein, bestimmt nicht!» entgegnete der grauhaarige Mann. «Offen gesagt, hab ich durchschnittlich etwa vier Stunden Nachtruhe . . .»

«Ich wollte nämlich nur fragen, Lee, ob Sie zufällig bemerkt haben, wann Joanie ging. Haben Sie vielleicht zufällig bemerkt, ob sie mit den Ellenbogens fortging?»

Der grauhaarige Mann blickte wieder nach links, aber seine Blicke flogen diesmal höher, nicht auf die Frau, die ihn jetzt beinahe wie ein junger, blauäugiger irischer Polizist beobachtete. «Nein, Arthur», erwiderte er, und seine Blicke hafteten im hinteren, dunkleren Teil des Zimmers, wo Wand und Decke zusammenstießen, «ist sie denn nicht mit Ihnen zusammen fortgegangen?»

«Nein, o Gott, nein! Sie haben sie also überhaupt nicht fortgehen sehen?»

«Nein, wirklich nicht, Arthur», erwiderte der grauhaarige Mann. «Eigentlich hab ich, offen gesagt, den ganzen Abend lang überhaupt keinen Menschen gesehen. Kaum stand ich auf der Schwelle, da war ich schon in ein endloses, blödes Gespräch mit diesem Einfaltspinsel aus Frankreich oder Wien oder weiß der Teufel, wo er sonst her war, verstrickt. All diese verfluchten ausländischen Halunken sind versessen auf ein bißchen gratis Rechtsberatung. Aber weshalb? Was ist los? Ist Joanie verschwunden?»

«Ach, mein Gott, wer weiß das schon? Ich doch nicht! Sie wissen ja, wie sie ist, wenn sie zuviel getankt hat und scharf drauf ist, loszuziehen. Was weiß *ich* schon? *Vielleicht* ist sie . . .»

«Haben Sie die Ellenbogens angerufen?» fragte der grauhaarige Mann.

«Ja. Die sind noch nicht zu Hause. Ich weiß auch nicht . . . Mein Gott, ich bin noch nicht mal sicher, ob sie mit ihnen fortgegangen ist. Ich weiß bloß eins. Eins weiß ich verdammt genau! Ich hab's satt, mir noch länger den Kopf zu zermartern. Ehrenwort. Diesmal ist's mir Ernst. Ich hab's satt. Fünf Jahre! Mein Gott!»

«Schon gut, Arthur! Nehmen Sie's nicht zu schwer!» sagte der grauhaarige Mann. «Denn wie ich die Ellenbogens kenne, sind sie wahrscheinlich in ein Taxi gestiegen und für ein paar Stunden ins *Village** gefahren. Alle drei werden sie wahrscheinlich . . .»

* *Greenwich Village* Künstlerviertel in New York.

96

«Ich habe so eine Ahnung, als ob sie's auf einen Kerl in der Küche abgesehen hatte. Immer fängt sie mit einem Kerl in der Küche zu flirten an, sowie sie zuviel getankt hat. Ich hab's satt. Ich schwör's bei Gott, diesmal ist's mein Ernst! Fünf verfluchte . . .»

«Wo sind Sie jetzt, Arthur?» fragte der grauhaarige Mann. «Daheim?»

«Haha, daheim! Ja! Trautes Heim! Mein Gott noch mal!»

«Aber versuchen Sie doch mal, es nicht so schwer zu . . . wie bitte?
. . . Sind Sie betrunken? Oder was ist?»

«Ich weiß es nicht. Wie zum Teufel soll ich das wissen?»

«Gut, gut. Nun hören Sie mal zu: Sie müssen versuchen, sich ein bißchen abzuregen! Einfach abregen, ja?» sagte der grauhaarige Mann. «Sie kennen doch die Ellenbogens, um Himmels willen! Wahrscheinlich ist weiter nichts passiert, als daß sie den letzten Zug verpaßt haben. Alle drei werden wahrscheinlich jeden Augenblick bei Ihnen auftauchen, voll witziger Nachtclub . . .»

«Sie haben den Wagen.»

«Woher wissen Sie denn das?»

«Von ihrem Babysitter. Wir haben schon verflucht witzige Telefongespräche miteinander geführt. Wir sind prima befreundet! Wir haben Blutsbrüderschaft geschlossen!»

«Na ja, na ja! Was noch alles! Beruhigen Sie sich doch endlich und regen Sie sich ab, ja?» sagte der grauhaarige Mann. «Wahrscheinlich kommen sie alle drei jeden Augenblick bei Ihnen zur Tür hereingewalzt! Glauben Sie's nur. Sie kennen doch Leona. Weiß der Teufel, was es eigentlich ist: alle sind sie so verdammt lustig, die aus Connecticut, wenn sie mal nach New York kommen! Das müssen Sie doch auch wissen!»

«Ja, schon, schon. Ach, was weiß ich denn?»

«Natürlich wissen Sie's! Strengen Sie mal Ihre Phantasie ein bißchen an! Wahrscheinlich haben die beiden Ellenbogens einfach Joanie mitgeschleift . . .»

«Heh! Kein Mensch braucht Joanie irgendwohin mitzuschleifen! Erzählen Sie mir bloß nichts von Mitschleifen, ja?»

«So war's ja auch nicht gemeint, Arthur», sagte der grauhaarige Mann ruhig.

«Ich weiß, ich weiß! Entschuldigen Sie! Mein Gott, ich werde noch verrückt! Hören Sie mal, im Ernst: Hab ich Sie wirklich nicht aufgeweckt?»

«Ich würde es Ihnen sagen, Arthur, wenn's so wäre», sagte der grauhaarige Mann. Geistesabwesend zog er die linke Hand zwischen Oberarm und Brust der Frau fort. «Hören Sie mal, Arthur! Soll ich Ihnen einen Rat geben?» fragte er. Er nahm die Telefonschnur in die Finger, genau unterhalb des Apparats. «Ich wollte nur sagen: Möchten Sie einen Rat?»

«Ja. Ach, ich weiß auch nicht. Mein Gott, ich störe Sie nur! Weshalb schneide ich mir nicht einfach die Kehle . . .»

«Hören Sie jetzt mal eine Minute zu!» sagte der grauhaarige Mann. «Zuerst – aber im Ernst: Gehn Sie ins Bett und regen Sie sich ab! Machen Sie sich einen tüchtigen, starken Nachttrunk und kriechen Sie unter die . . .»

«'n Nachttrunk? Sie wollen mich wohl aufziehn? Mein Gott, in den letzten zwei verdammten Stunden hab ich fast 'ne Flasche erledigt! 'n Nachttrunk! Ich bin so blau, daß ich kaum noch . . .»

«Gut, gut! Dann gehn Sie also zu Bett!» sagte der grauhaarige Mann. «Und regen Sie sich ab, ja? Ehrlich gesagt, hat das denn einen Zweck, so rumzusitzen und sich aufzuregen?»

«Ja, ich weiß schon. Ich würde mir auch keine Sorgen machen, wahrhaftig nicht, aber man kann ihr ja nicht über den Weg trauen. Das schwör ich Ihnen. Ich schwör's Ihnen, man kann ihr nicht trauen! Man kann ihr nicht so weit trauen wie von hier bis . . . ach, ich weiß auch nicht, wie weit. Ach, mein Gott, was nützt das schon? Ich verlier mein letztes bißchen Verstand.»

«Ja, ja. Nun vergessen Sie das mal! Denken Sie nicht mehr dran! Wollen Sie mir einen Gefallen tun und sich das ganze Zeug aus dem Kopf schlagen?» fragte der grauhaarige Mann. «Was wissen Sie denn , ob Sie nicht aus einer Mücke 'nen Elefanten machen?»

«Wissen Sie, was ich tu? *Wissen Sie, was ich tu?* Muß mich ja schämen, Ihnen das zu erzählen, aber wissen Sie, was ich fast jeden verdammten Abend tu? Wenn ich nach Hause komme? Wollen Sie's wissen?»

«Arthur, hören Sie doch bloß . . .»

«Augenblick mal . . . ich sag's Ihnen, verdammt noch eins. Ich muß mich wahrhaftig schwer beherrschen, daß ich nicht jede verfluchte Schranktür in der Wohnung aufmache. Ich schwör's Ihnen! Jeden Abend, den ich nach Hause komme, glaub ich, überall könnt sie ihre verfluchten Kerls versteckt haben. Liftboys. Botenjungen. Polizisten . . .»

«Ja, ja, Arthur! Wolln doch mal versuchen, es ein bißchen leichter zu nehmen!» sagte der grauhaarige Mann. Er blickte plötzlich nach rechts, wo eine Zigarette, die vor längerer Zeit angezündet worden war, auf dem Aschenbecher schwebte. Aber sie war offensichtlich ausgegangen, und er nahm sie nicht. «Erstens», sprach er ins Telefon, «erstens hab ich

Ihnen wer weiß wie oft gesagt, Arthur, das ist nämlich ihr größter Fehler . . . wissen Sie nämlich, was? Soll ich Ihnen mal sagen, was Ihr größter Fehler ist? Sie geben sich die größte Mühe . . . wirklich, im Ernst . . . Sie geben sich die allergrößte Mühe, um sich selbst zu quälen! Ja, offen gesagt, bringen Sie Joanie geradezu auf die Idee . . .» Er brach ab. «Sie können verflucht von Glück sagen, daß Joanie so ein Prachtmädel ist. Wirklich, im Ernst! Sie halten's der Kleinen einfach nicht zugute, daß sie solchen Geschmack hat – und solchen Verstand, wahrhaftig!»

«Verstand? Sie wolln mich wohl aufziehen? Die hat keine Spur von Verstand! Sie ist ein Tier!»

Der grauhaarige Mann, dessen Nüstern sich weiteten, schien sehr tief Atem zu schöpfen. «Im Grunde sind wir alle Tiere.»

«Blödsinn! Ich bin kein Tier, verdammt noch mal! Vielleicht bin ich ein dummer und verrückter Mensch des 20. Jahrhunderts, aber ich bin kein Tier. Das laß ich mir nicht bieten. Ich bin kein Tier.»

«Hören Sie mal, Arthur! So kommen wir nicht . . .»

«*Verstand!* Lieber Gott, wenn Sie ahnten, wie komisch das ist! Sie bildet sich ein, sie sei so verdammt gebildet! Das ist ja das Komische, das ist ja das verrückt Lustige. Sie liest die Theaternachrichten, und sie hockt vorm Fernsehapparat, bis ihr die Augen tränen, und deshalb ist sie gebildet. Wissen Sie, mit wem ich verheiratet bin? Wollen Sie wissen, mit wem ich verheiratet bin? Mit der größten lebenden, unentdeckten Schauspielerin, Schriftstellerin, Psycho-Analytikerin und verkannten Universal-Genie-Berühmtheit von New York. Haben Sie auch noch nicht gewußt, was? Herrjemine, es ist so komisch, daß ich mir die Kehle durchschneiden könnte! Madame Bovary von der Volkshochschule. Madame . . .»

«Wer?» fragte der grauhaarige Mann, und es klang ärgerlich.

«Madame Bovary nimmt einen Fortbildungskurs im Fernsehen! Gott, wenn Sie bloß wüßten . . .»

«Ja, ja. Sie müssen doch begreifen, daß wir so nicht weiterkommen!» sagte der grauhaarige Mann. Er drehte sich um und machte der Frau ein Zeichen, daß er eine Zigarette wolle, indem er zwei Finger an die Lippen hielt. «Erstens mal», sagte er ins Telefon hinein, «sind Sie als gescheiter Mensch verdammt taktlos, so taktlos wie nur menschenmöglich.» Er machte den Rücken gerade, damit die Frau hinter ihm vorbeifassen und die Zigaretten erreichen konnte. «Wirklich. Man sieht's an ihrem Privatleben, man sieht's auch an Ihrem . . .»

«*Verstand!* O Gott, es ist zum Aus-der-Haut-Fahren! Haben Sie schon mal gehört, wenn sie jemand beschreibt – einen Mann, meine ich?

Wenn Sie mal gar nichts anderes zu tun haben, dann tun Sie mir mal den Gefallen und lassen Sie sich von ihr einen Mann beschreiben! Jeden Mann, den sie sieht, nennt sie ‹fabelhaft gut aussehend›! Und dabei kann's ein ganz alter, dreckiger, fetter . . .»

«Lassen Sie's Arthur!» rief der grauhaarige Mann scharf. «Damit kommen wir nicht weiter. Damit kommen wir einfach nicht weiter.» Er ließ sich von der Frau eine angezündete Zigarette reichen. Sie hatte zwei angezündet. «Ach, eine Frage», sagte er und stieß den Rauch aus den Nasenlöchern aus, «wie haben Sie heut abgeschnitten?»

«Was?»

«Wie haben Sie heute abgeschnitten?» wiederholte der grauhaarige Mann. «Wie endete der Fall?»

«Oh, meine Güte! Ich weiß es nicht. Schauerlich. Etwa zwei Minuten, ehe ich zusammenfassen wollte, schleppte der Anwalt des Klägers, der Lissberg, ein verrücktes Zimmermädchen an, als Beweisstück brachte sie ein paar Leintücher, die waren übersät mit Wanzenflecken! Meine Güte!»

«Und was geschah dann? Haben Sie verloren?» fragte der grauhaarige Mann und nahm wieder einen Zug von seiner Zigarette.

«Wissen Sie, wer der Richter war? Mother Vittorio! Was zum Teufel der Mensch gegen mich hat, möcht ich auch wissen! Ich darf nicht mal den Mund aufmachen, dann fällt er schon über mich her! Mit so einem Mann kann man ja nicht reden. Unmöglich.»

Der grauhaarige Mann drehte sich etwas um, weil er sehen wollte, was die junge Frau machte. Sie hatte den Aschenbecher geholt und zwischen sich und ihn gestellt. «Sie haben also verloren, oder nicht?» fragte er ins Telefon.

«Was?»

«Ich fragte, ob Sie verloren haben?»

«Ja. Ich wollt's Ihnen noch erzählen. Bei der Gesellschaft heut abend war keine Gelegenheit, einfach zu viel Betrieb! Glauben Sie, Junior wird wütend? Ist mir zwar im Grund scheißegal, aber was glauben Sie? Glauben Sie, er wird wütend?»

Mit der linken Hand strich der grauhaarige Mann die Asche seiner Zigarette am Rand des Aschenbechers spitz zurecht. «Ich glaube nicht, daß er unbedingt wütend wird, Arthur!» erwiderte er ruhig. «Aber wie die Dinge nun mal liegen, wird er sich auch nicht gerade auf den Kopf stellen vor Freude. Wissen Sie, wie lange wir die verdammten drei Hotels verwalten? Der alte Shanley hat die ganze Geschichte angefangen . . .»

«Weiß ich, weiß ich! Junior hat's mir mindestens fünfzigmal erzählt. Eine der interessantesten Geschichten, die ich mir denken kann. Na ja, hab also den verdammten Prozeß verloren. Vor allem war's nicht meine Schuld. Denn erstens hielt mich der idiotische Vittorio während der ganzen Verhandlung zum Narren. Dann fängt das alberne Zimmermädchen an, ihre Leinentücher mit den Wanzenflecken zu schwenken . . .»

«Kein Mensch behauptet, es sei Ihre Schuld, Arthur!» entgegnete der grauhaarige Mann. «Sie haben mich gefragt, ob ich glaube, daß Junior wütend würde. Ich habe Ihnen nur eine aufrichtige . . .»

«Ich weiß . . . ich weiß ja. Ach, ich weiß auch nicht! Zum Teufel noch eins! Vielleicht geh ich noch mal zum Militär. Hab ich's Ihnen schon erzählt?»

Der grauhaarige Mann wandte der jungen Frau wieder das Gesicht zu, vielleicht, um ihr zu zeigen, wie gefaßt, ja wie gelassen seine Miene war. Aber die junge Frau sah es leider nicht. Sie hatte gerade mit dem Knie den Aschenbecher umgekippt und kratzte mit den Fingerspitzen schnell die verschüttete Asche zu einem kleinen Häufchen zusammen; ihre Augen blickten eine Sekunde zu spät zu ihm auf. «Nein, das haben Sie nicht, Arthur», sagte er ins Telefon.

«Ja. Vielleicht. Weiß es noch nicht ganz genau. Bin natürlich nicht allzu scharf drauf. Und ich geh auch nicht, wenn ich's irgend vermeiden kann. Aber vielleicht muß ich. Weiß noch nicht. Da kann man wenigstens *vergessen*! Wenn sie mir meinen kleinen Helm wiedergeben und mein hübsches großes Moskitonetz und meinen schönen großen Schreibtisch, dann wär es . . .»

«Und ich möchte Ihnen am liebsten etwas Verstand in Ihren dummen Schädel klopfen, mein Junge, weiß Gott», sagte der grauhaarige Mann. «Für einen verfluchten . . . für einen angeblich mit Verstand begabten Mann reden Sie wie ein Säugling. Das sag ich Ihnen ganz aufrichtig. Eine Menge unbedeutende kleine Einzelheiten wälzen Sie wie einen Schneeball so lange in Ihrem Kopf herum, bis er zu 'ner Lawine anwächst und Sie vollkommen unfähig sind . . .»

«Ich hätt sie verlassen sollen. Wissen Sie was? Vergangenen Sommer hätt ich's tun sollen, als ich schon alles eingefädelt hatte. Wissen Sie, weshalb ich's nicht tat? Möchten Sie mal wissen, weshalb ich's nicht tat?»

«Arthur! Um Gottes willen! Damit kommen wir wahrhaftig nicht weiter!»

«Moment mal! Ich muß es Ihnen erzählen! Möchten Sie wissen, weshalb ich's nicht tat? Ich kann's Ihnen haargenau sagen, weshalb nicht. Weil sie mir leid getan hat. Das ist die pure Wahrheit. Sie hat mir leid getan.»

«Na, das kann ich nicht – ich meine, das kann ich nicht beurteilen», sagte der grauhaarige Mann. «Mir scheint aber, daß Sie eins vergessen: nämlich, daß Joanie eine erwachsene Frau ist. Ich weiß nicht, mir kommt's wirklich so vor, als ob . . .»

«Eine erwachsene Frau? Sie sind wohl verrückt? Ein erwachsenes Kind ist sie, mein Gott! Sehn Sie mal, wenn ich mich rasiere, sehn Sie bloß mal das, wenn ich mich rasiere, dann ruft sie mich plötzlich von der entgegengesetzten Ecke unserer Wohnung. Und ich geh hin und seh nach, was los ist. Mitten im Rasieren. Das ganze Gesicht voll verdammten Seifenschaum. Wissen Sie, was sie dann will? Dann will sie mich zum Beispiel fragen, ob ich glaube, sie hätte einen scharfen Verstand! Wahrhaftiger Gott, ja! Sie ist rührend, sag ich Ihnen. Ich betrachte sie mir, wenn sie schläft, und ich weiß, was ich sage. Glauben Sie's mir!»

«Na ja, das ist eine Sache, die Sie besser wissen, ich meine, das kann ich nicht beurteilen», sagte der grauhaarige Mann. «Worauf es ankommt, zum Teufel noch eins, Sie sind überhaupt nicht positiv eingestellt zu ihr . . .»

«Wir passen nicht zusammen, das ist alles! Das ist die ganze Geschichte. Wir passen ganz verteufelt schlecht zusammen. Wissen Sie, was sie braucht? Sie braucht einfach einen großen, schweigsamen Kerl, der sie hin und wieder mal hernimmt und verprügelt – und dann wieder an seine Zeitung geht. Das braucht sie. Ich bin zu verdammt schwach zu ihr. Ich wußt's schon, als wir heirateten. Ich schwör's Ihnen, daß ich's damals schon wußte. Ich meine, Sie sind ja ein fixer Kerl, Sie haben nie geheiratet. Aber bevor einer heiratet, da hat er ab und zu mal so 'ne kleine Erleuchtung, wie es wohl sein wird, wenn er erst verheiratet ist. Ich hab nicht darauf geachtet. Hab auf die verdammte kleine Erleuchtung nicht geachtet. Ich bin zu schwach. Das ist das ganze Geheimnis – kurz und bündig.»

«Sie sind nicht schwach – Sie gebrauchen bloß Ihren Verstand nicht genügend», sagte der grauhaarige Mann und ließ sich von der jungen Frau eine neue Zigarette geben.

«Natürlich bin ich schwach. Natürlich bin ich schwach! Mein Gott, ich muß es doch wohl wissen, ob ich schwach bin! Wenn ich nicht schwach wäre, glauben Sie, dann hätt ich alles so schlittern lassen? Ach, was zum Teufel hat's für einen Sinn, darüber zu reden? Natürlich bin ich schwach! . . . Mein Gott, ich halt Sie die halbe Nacht vom Schlaf ab!

Weshalb hängen Sie denn nicht auf? Wirklich! Hängen Sie ruhig auf!»

«Ich hänge nicht auf, Arthur. Ich möchte Ihnen gern helfen, wenn's menschenmöglich ist», sagte der grauhaarige Mann. «Sie sind nämlich Ihr schlimmster . . .»

«Sie hat keine Achtung vor mir. Sie liebt mich nicht mal, mein Gott! Und im Grunde genommen – wenn ich's ganz genau überlege –, dann liebe ich sie auch nicht mehr. Ich weiß auch nicht recht. Ich liebe sie – und ich liebe sie nicht. Es wechselt. Es ist verschieden. Ach herrjeh! Jedesmal, wenn ich eisern entschlossen bin, mich durchzusetzen, dann gehn wir irgendwohin essen, und ich treffe sie irgendwo und dann kommt sie an und trägt die verdammten weißen Handschuh oder sonst irgendwas. Ach ja. Oder ich fang an und denk drüber nach, wie wir das erste Mal nach New Haven zu den Princeton-Spielen fuhren. Da hatten wir gleich hinter dem Parkway einen Plattfuß, und es war eisig kalt, und sie hat mir die Taschenlampe gehalten, während ich das verdammte Dings ausgewechselt hab . . . na, Sie wissen schon. Ach ja. Oder ich fang an und denk – meine Güte, es ist wirklich peinlich –, ich fang an und denk an das verdammte Gedicht, das ich ihr damals geschickt hab, als wir uns kennenlernten. ‹Rosenrot sind meine Wangen, hübscher Mund, grün meine Augen . .› Mein Gott, wie peinlich – ich mußte dabei immer an *sie* denken! Dabei hat sie gar nicht grüne Augen – hat Augen wie verdammte Miesmuscheln –, aber irgendwie mußt ich dabei immer an sie denken . . . ach ja. Was hat's für 'n Sinn, darüber zu reden? Ich verlier noch den Verstand. Hängen Sie doch auf, weshalb tun Sie's denn nicht? Wirklich!»

Der grauhaarige Mann räusperte sich und sagte: «Ich hab's gar nicht im Sinn, aufzuhängen, Arthur! Nur eins möchte ich . . .»

«Mal hat sie mir einen Anzug gekauft. Von ihrem eigenen Geld. Hab ich Ihnen das schon mal erzählt?»

«Nein, ich . . .»

«Ich glaube, bei Tripler. Da ist sie einfach zu Tripler gegangen und hat ihn gekauft. Ich hab sie nicht mal begleitet. Ich finde, sie hat wirklich verdammt nette Seiten. Das Komische war, daß er mir noch recht gut paßte. Er mußte nur ein bißchen enger gemacht werden, im Sitz, die Hosen, und dann etwas kürzer. Sie hat nämlich ein paar verdammt nette Seiten, finde ich.»

Der grauhaarige Mann hörte noch einen Augenblick zu. Dann drehte er sich unvermittelt um und blickte die junge Frau an. Der Blick – wenn er auch nur flüchtig war – belehrte sie im Nu, was am anderen Ende der Leitung plötzlich vor sich ging. «Hören Sie mal, Arthur, das hat doch absolut keinen Sinn!» sagte er ins Telefon. «Das hat absolut keinen Sinn. Wirklich nicht. Nun hören Sie mal zu! Ich spreche jetzt ganz aufrichtig! Wollen Sie jetzt mal vernünftig sein und sich ausziehen und zu Bett gehn? Und sich beruhigen? Joanie ist vielleicht schon in zwei Minuten bei Ihnen. Sie wollen doch wohl nicht, daß sie Sie so vorfindet, was? Wahrscheinlich kommen die verdammten Ellenbogens gleich mit ihr angetrudelt. Sie wollen doch wohl nicht, daß die ganze Gesellschaft Sie so sieht?» Er lauschte. «Arthur! Haben Sie gehört?»

«Mein Gott, ich halte Sie die ganze Nacht wach! Alles, was ich mache, ist . . .»

«Sie halten mich gar nicht die ganze Nacht wach», entgegnete der grauhaarige Mann. «Das brauchen Sie nicht zu denken! Ich hab Ihnen doch schon gesagt, daß ich durchschnittlich etwa vier Stunden Nacht- ruhe gehabt habe. Was ich aber wirklich gern tun möchte, mein Junge, falls es menschenmöglich ist: ich möchte Ihnen gern helfen!» Er lausch- te. «Arthur? Sind Sie da?»

«Ja. Ich bin hier. Hören Sie mal . . . ich hab Sie ohnehin die ganze Nacht wachgehalten – könnt ich vielleicht zu Ihnen rüberkommen und einen Schluck trinken? Würde es Ihnen was ausmachen?»

Der grauhaarige Mann straffte seinen Rücken, legte sich die freie Hand flach auf den Kopf und fragte: «Meinen Sie *jetzt*?»

«Ja. Ich meine, wenn's Ihnen nichts ausmacht. Ich bleibe nur eine Se- kunde. Ich wollte mich nur ein bißchen zu Ihnen setzen und – na ja. Wä- re es Ihnen recht?»

«Ja, aber ich finde, Arthur, Sie sollten es lieber nicht tun!» sagte der grauhaarige Mann und nahm die Hand vom Kopf. «Natürlich sind Sie mir sehr herzlich willkommen, aber ich finde wirklich, Sie sollten sich einfach aufraffen und sich beruhigen, bevor Joanie angetanzt kommt. Ganz offen gesagt, was Sie tun sollten, das ist eben, dort zur Stelle zu sein, wenn sie angetanzt kommt. Hab ich recht oder nicht?»

«Ja. Ich weiß auch nicht recht. Weiß Gott, ich weiß es nicht.»

«Aber ich weiß es, glauben Sie mir!» sagte der grauhaarige Mann. «Hören Sie mal – Sie sollten jetzt schnell zu Bett gehen und sich ent- spannen, und wenn's Ihnen später danach zumute ist, dann rufen Sie mich noch mal an. Ich meine, falls Ihnen nach Sprechen zumute ist. Und *sorgen Sie sich nicht!* Das ist die Hauptsache! Haben Sie gehört? Wollen Sie's jetzt so machen?»

«Meinetwegen.»

Der grauhaarige Mann hielt den Hörer noch ein Weilchen ans Ohr, dann ließ er ihn sinken und legte auf.

«Was hat er gesagt?» fragte die junge Frau unmittelbar darauf.

Er nahm seine Zigarette vom Aschenbecher, das heißt, er suchte sie aus der Ansammlung geraucher und halb geraucher Zigaretten heraus. Er tat einen Zug und sagte: «Er wollte herkommen und etwas trinken.»

«Mein Gott! Was hast du geantwortet?» fragte die junge Frau.

«Du hast es ja gehört», sagte der grauhaarige Mann und sah sie an. «Du mußt es doch gehört haben. Oder nicht?»

«Du warst großartig! Einfach wunderbar», sagte die junge Frau und sah ihn an. «Mein Gott, ich komme mir wie ein Biest vor!»

«Oh», sagte der grauhaarige Mann, «es ist eben eine komplizierte Lage. Ich weiß nicht, ob ich so wunderbar war.»

«O doch! Du warst wunderbar», sagte die junge Frau. «Und ich bin *erschlagen*! Einfach *erschlagen*! Sieh mich bloß an!»

Der grauhaarige Mann sah sie an. «Ja, wirklich, es ist eine unmögliche Lage!» sagte er. «Ich meine, das Ganze ist so unvorstellbar, daß es schon nicht mehr . . .»

«Liebling – verzeih!» rief die junge Frau und beugte sich schnell vor. «Du kannst dich verbrennen, glaube ich.» Kurz und rasch schlug sie zu und wischte mit ihren Fingerspitzen über seinen Handrücken. «Nein, es war bloß Asche.» Sie ließ sich zurücksinken. «Nein, nein, du warst wunderbar!» sagte sie. «Mein Gott, ich komme mir wirklich wie ein Biest vor!»

«Es ist eben eine sehr, sehr komplizierte Lage! Der arme Mensch scheint wirklich furchtbar . . .»

Das Telefon läutete plötzlich.

Der grauhaarige Mann sagte: «Mein Gott!», nahm aber noch vor dem zweiten Rufzeichen den Hörer ab. «Hallo?» rief er ins Telefon.

«Lee? Haben Sie schon geschlafen?»

«Nein, o nein.»

«Ich dachte nur, es würde Sie interessieren. Joanie kam gerade angetanzt.»

«*Wie* bitte?» rief der grauhaarige Mann und hielt die Hand über die Augen, obwohl das Licht hinter ihm war.

«Ja. Eben kam sie angetanzt. Keine zehn Sekunden, nachdem ich den Hörer aufgelegt hatte. Und ich dachte, ich ruf Sie schnell mal an und sag Ihnen Bescheid, solange sie auf dem Klo ist. Ja, also tausend Dank, Lee! Wirklich, von Herzen! Sie haben doch nicht schon geschlafen, wie?»

«Nein, o nein. Ich wollte gerade . . . nein, nein!» sagte der grauhaarige Mann und ließ die Hand über den Augen. Er räusperte sich gründlich.

«Ja. Es kam nämlich so: Anschließend war Leona schließlich sternhagelvoll und bekam das heulende Elend, und Bob bat Joanie mit ihnen fortzugehen, um irgendwo noch was zu trinken und alles wieder ins reine zu bringen. Du weißt ja Bescheid. Mein Gott, ja. Sehr kompliziert. Jedenfalls ist sie wieder zu Hause. Was für ein Affentheater! Aber ich glaube weiß Gott, daran ist bloß das verfluchte New York schuld. Wir sollten uns vielleicht, wenn alles glatt weitergeht, was Nettes in Connecticut suchen, finde ich! Es braucht ja nicht unbedingt zu weit weg zu sein, aber doch so weit, daß man ein normales Leben führen kann, zum Teufel. Ich meine, sie liebt ja Blumen und all solch Zeugs! Würde sich wahrscheinlich wahnsinnig freuen, wenn sie ihren eigenen kleinen Garten und lauter so Sachen hätte. Verstehen Sie, was ich meine? Ich meine, wen kennen wir denn schon in New York – von Ihnen abgesehen – als eine Clique von Halbverrückten? Da muß ja selbst ein normaler Mensch früher oder später angesteckt werden. Verstehen Sie, wie ich's meine?»

Der grauhaarige Mann antwortete nicht. Seine Augen, die er noch immer mit der Hand zudeckte, waren geschlossen.

«Jedenfalls will ich heute nacht mit ihr drüber sprechen. Oder vielleicht auch morgen. Sie ist noch nicht ganz frei im Kopf. Ich meine, im Grunde ist sie ein verteufelt lieber Kerl, und wenn wir eine Möglichkeit sehen, irgendwo wieder ein bißchen in die Reihe zu kommen, dann wären wir verdammt dumm, wenn wir's nicht versuchen würden. Und während ich das mache, will ich auch versuchen, die verdammte Wirtschaft mit den Bettwanzen in Ordnung zu bringen. Ich hab's mir überlegt, Lee. Was meinen Sie: wenn ich einfach hinginge und mit Junior persönlich sprechen würde, könnt ich da wohl . . .»

«Arthur, wenn's Ihnen nichts ausmacht, könnten wir nicht lieber . . .»

«Ich will aber nicht, daß Sie glauben, ich hätt Sie bloß deshalb angerufen, weil ich mir Sorgen wegen meiner dummen Stellung mache. Nein, bewahre! Mein Gott im Himmel, im Grunde läßt mich das völlig kalt. Ich dachte bloß, wenn ich die Sache mit Junior in Ordnung bringen könnte, ohne mir etwas einzubrocken, dann wär ich ja ein verdammter Esel . . .»

«Bitte, Arthur», unterbrach ihn der grauhaarige Mann und nahm die Hand von den Augen, «ich hab plötzlich ganz wahnsinnige Kopfschmerzen. Ich weiß gar nicht, wie mir so was anfliegen konnte.

Macht's Ihnen was aus, wenn wir jetzt abbrechen? Ich spreche morgen weiter mit Ihnen darüber, gut?» Er lauschte noch einen Augenblick, dann legte er den Hörer auf.

Wieder begann die junge Frau sofort, auf ihn einzureden, aber er antwortete nicht. Er suchte sich eine brennende Zigarette – die der jungen Frau – aus dem Aschenbecher und wollte sie zwischen seine Lippen stecken, aber sie fiel ihm aus den Fingern. Die junge Frau wollte ihm helfen, sie wiederzufinden, ehe etwas in Brand geriet, aber er sagte ihr nur, um Gottes willen *still* zu sein, und sie zog die Hand zurück.

Die blaue Periode
des Herrn de Daumier-Smith

Wenn dieser Bericht irgendeinen Sinn hat – ich sehe nicht einmal den Ansatz zu einem Sinn –, so möchte ich ihn, besonders wenn er ein paar frivole Stellen enthielte, dem Andenken meines verstorbenen frivolen Stiefvaters Robert Agadganian widmen; er wurde von jedermann, auch von mir, Bobby Junior genannt und starb im Jahre 1947 an Thrombose, bestimmt nicht ohne einiges zu bedauern, aber sicher ohne Gewissensbisse. Er war ein Abenteurer, sehr faszinierend und großzügig. (Nachdem ich ihn viele Jahre lang so heftig um diese Pirateneigenschaften beneidet habe, ist es für mich eine Sache auf Leben und Tod, sie hier anzubringen.)

Die Ehe meiner Eltern wurde im Winter 1928, als ich acht Jahre alt war, geschieden, und schon im späten Frühjahr heiratete meine Mutter Bobby Agadganian. Ein Jahr später verlor Bobby nach dem Schwarzen Börsen-Freitag alles, was er und Mutter besaßen; was ihnen offenbar erhalten blieb, war ein Zauberstab. Jedenfalls verwandelte sich Bobby fast über Nacht aus einem toten Börsenmakler und mittellosen Bonvivant in einen lebendigen, wenn auch nicht ganz qualifizierten Agenten und Taxator für eine Gesellschaft unabhängiger amerikanischer Kunstgalerien und Museen. Ein paar Wochen später, zu Beginn des Jahres 1930, zogen wir ziemlich gemischtes Dreigespann von New York nach Paris, weil Bobby dort sein neues Gewerbe besser ausüben konnte. Da ich zu dieser Zeit ein kühler, um nicht zu sagen eiskalter Zehnjähriger war, überstand ich, soweit ich mich erinnere, den großen Wechsel ohne seelischen Schaden. Aber die Rückkehr nach New York neun Jahre und drei Monate später, nach dem Tod meiner Mutter, die traf mich, und sie traf mich hart.

Ich erinnere mich eines bezeichnenden Vorfalls, genau ein oder zwei Tage nachdem Bobby und ich in New York angekommen waren. Ich stand in einem überfüllten Bus, der die Lexington-Avenue hinunterfuhr, Hintern an Hintern mit dem Kerl hinter mir, und hielt mich an der emaillierten Stange neben dem Fahrersitz fest. Schon einige Haltestellen lang hatte der Fahrer alle, die sich an der Eingangstür knäuelten, in barschem Ton aufgefordert, «nach hinten durchzugehen». – Einige von uns hatten versucht, seiner Aufforderung nachzukommen, andere nicht. Schließlich, als eine rote Ampel ihm die Gelegenheit dazu gab, schwang sich der gereizte Mann in seinem Sitz herum und sah mich, der ich gerade hinter ihm stand, an. Mit neunzehn war ich einer von diesen hutlosen Typen mit einer flachen schwarzen, nicht besonders gepflegten, europäisch wirkenden Haartolle über einer pickeligen, kaum drei Zentimeter hohen Stirn. Der Fahrer sprach mich mit gesenkter, fast zaghafter Stimme an: «Mach schon, Freundchen», sagte er, «beweg mal deinen Arsch.» Ich glaube, es war das «Freundchen», das mir den Rest gab. Ich machte mir nicht einmal die Mühe, mich vorzubeugen – was bedeutet hätte, die Unterhaltung wenigstens so privat und so *de bon goût* zu führen, wie er es getan hatte – und teilte ihm auf französisch mit, daß er ein roher, bornierter Schwachkopf sei und daß er nie begreifen würde, wie sehr ich ihn verachtete. Dann schritt ich in gehobener Stimmung nach hinten durch.

Es kam noch schlimmer. Als ich an einem Nachmittag, ungefähr eine Woche danach, aus dem Ritz-Hotel kam, wo Bobby und ich immer noch wohnten, schien es mir, als wären alle Sitze aus allen Bussen in New York ausmontiert und auf die Straße gestellt worden, wo eine Art gigantisches «Reise nach Jerusalem»-Spiel im Schwange war. Ich hätte vielleicht Lust gehabt, daran teilzunehmen, wenn die Kirche von Manhattan mir durch einen Sondererlaß die Garantie gegeben hätte, daß alle anderen Mitspieler ehrerbietig stehen blieben, bis ich mich gesetzt hatte. Als sich aber herausstellte, daß nichts dergleichen zu erwarten war, ergriff ich die Initiative. Ich betete darum, daß sich die Stadt entvölkern möge, ich betete um die Gnade, allein zu sein – a-l-l-e-i-n: Und das ist das einzige New Yorker Gebet, das fast immer erhört und selten in andere Kanäle gelenkt wird, und im Handumdrehen verwandelte sich alles, was ich berührte, in greifbare Einsamkeit. An den Vor- und den frühen Nachmittagen beehrte ich, wenn auch nur durch meine körperliche Anwesenheit, eine Kunstschule, die ich tief verabscheute. Sie lag an der Ecke der 48. und der Lexington Avenue. (In der Woche, bevor wir Paris verließen, hatte ich drei erste Preise bei der Staatlichen Nachwuchsausstellung bekommen, die in der Galerie Freiburg stattgefunden hatte. Während der Überfahrt nach Amerika hatte ich immer wieder im großen Spiegel unserer Kabine meine unheimliche physische Ähnlichkeit mit El Greco festgestellt.) Drei Nachmittage in der Woche verbrachte ich im Behandlungsstuhl eines Zahnarztes, wo ich innerhalb von wenigen Monaten acht Zähne gezogen bekam, drei davon waren Vorderzähne. Die beiden übrigen Nachmittage verbrachte ich damit, durch die Kunstgalerien der 57. Straße zu schlendern, wo ich alle Bilder amerikanischen Ursprungs am liebsten angespuckt hätte. An den Abenden las ich gewöhnlich. Ich kaufte eine komplette Ausgabe der Harvard-Klassiker – hauptsächlich weil Bobby sagte, wir hätten in unserer Suite keinen Raum dafür – und las perverserweise alle fünfzig Bände. Des Nachts stellte ich unerbittlich meine Staffelei zwischen den beiden Betten in dem Schlafzimmer auf, das ich mit Bobby teilte, und malte. Laut meinem Tagebuch von 1939 vollendete ich in einem einzigen Monat achtzehn Ölgemälde. Bezeichnenderweise waren siebzehn davon Selbstbildnisse. Aber manchmal, vielleicht weil meine Muse launisch war, stellte ich meine Farben beiseite und zeichnete. Eine dieser Zeichnungen besitze ich noch. Sie zeigt die offene Mundhöhle eines Menschen, der von seinem Zahnarzt behandelt wird. Die Zunge ist einfach eine Hundert-Dollar-Note, wie das US-Schatzamt sie ausgibt, und der Zahnarzt sagt sehr traurig auf französisch: «Ich glaube, den Backenzahn können wir retten, aber die Zunge muß heraus.» Diese Zeichnung liebte ich über alles.

Als Zimmergenossen paßten Bobby und ich kaum besser zueinander als etwa ein außergewöhnlich toleranter Harvard-Senior und ein außergewöhnlich mieser Zeitungsjunge aus Cambridge. Und als wir in den folgenden Wochen allmählich entdeckten, daß wir beide in dieselbe verstorbene Frau verliebt waren, half auch das nichts. Aus dieser Entdeckung entwickelte sich eine gespenstische «Nach-Ihnen-mein-Herr»-Beziehung. Wenn wir auf der Schwelle des Badezimmers aufeinanderstießen, lächelten wir uns strahlend an.

An einem Tag im Mai 1940, ungefähr zehn Monate, nachdem Bobby und ich ins Ritz gezogen waren, entdeckte ich in einer Quebecer Zeitung (einer von sechzehn französischen Zeitschriften und Zeitungen, die ich großspurigerweise abonniert hatte) eine viertelspaltige Anzeige, die der Direktor einer Fernschule für Malerei in Montreal aufgegeben hatte. Darin wurden alle qualifizierten Lehrer aufgefordert – wörtlich hieß es, man könne sie nicht *fortement* genug auffordern –, sich sofort um eine Anstellung an der neuesten, fortschrittlichsten Fernschule für Malerei in Kanada zu bewerben. Die Bewerber, so hieß es, sollten Englisch und Französisch fließend beherrschen, und bewerben sollten sich nur solche von maßvoller Lebensführung und tadellosem Charakter. Das Sommersemester an der *Les Amis des Vieux Maîtres* begann offiziell am 10. Juni. Probearbeiten, so hieß es, sollten sowohl akademische Malerei als auch Gebrauchsgraphik umfassen und an Monsieur I. Yoshoto, *Directeur*, früher Kaiserliche Akademie der Schönen Künste, Tokio, eingesandt werden.

Da ich mich geeignet wie kein anderer fand, holte ich sofort Bobbys Reiseschreibmaschine unter seinem Bett hervor, schrieb einen maßlos langen Brief an M. Yoshoto und schwänzte den ganzen Vormittagsunterricht an der Kunstschule. Allein die Einleitung meines Briefes zog sich über drei Seiten hin – die Schreibmaschine rauchte geradezu. Ich schrieb, ich sei neunundzwanzig und ein Großneffe von Honoré Daumier; ich hätte nach dem Tode meiner Frau gerade mein kleines Gut in Südfrankreich verlassen und sei nach Amerika gekommen, um – natürlich nur vorübergehend – einem erkrankten Verwandten Gesellschaft zu leisten. Gemalt hätte ich, so schrieb ich, seit meiner frühesten Kindheit, hätte aber, einem Rat von Pablo Picasso folgend, der einer der ältesten und nächsten Freunde meiner Eltern sei, niemals ausgestellt. Trotzdem hingen eine Reihe meiner Ölgemälde und Aquarelle in einigen der vornehmsten und keineswegs Neureichen-Villen von Paris , wo sie beträchtliche Aufmerksamkeit bei einigen der gefürchtetsten Kritikern unserer Tage *gagné* hätten. Nach dem vorzeitigen und tragischen Tod meiner Frau an einer *ulcération cancéreuse* hätte ich ernsthaft beschlossen, niemals mehr den Pinsel auf die Leinwand zu setzen. Aber schwerwiegende finanzielle Verluste hätten mich veranlaßt, diese meine *résolution* zu ändern. Ich schrieb, ich betrachtete es als eine Ehre, Proben meines Werkes an *Les Amis des Vieux Maîtres* zu schicken, sobald mein Agent in Paris, an den ich natürlich *très pressé* schreiben würde, sie mir zugesandt habe. Ich verbliebe ergebenst *Jean de Daumier-Smith*. Um dieses Pseudonym zu finden, brauchte ich fast so lange wie für den ganzen Brief. Ich schrieb den Brief auf Pauspapier, steckte ihn aber in einen Umschlag des Ritz-Hotels und versiegelte ihn. Nachdem ich ihn mit einer Eilzustellungsmarke frankiert hatte, die ich in Bobbys oberer Schublade fand, trug ich ihn hinunter in die Halle und warf ihn in den Hauptbriefkasten. Unterwegs hielt ich den Hotelangestellten an, der die Post verteilte (und mich ganz offensichtlich verabscheute), und machte ihn auf die Post aufmerksam, die nächstens für de Daumier-Smith ankommen würde. Dann stahl ich mich so gegen halb drei in die Akt-Zeichenstunde, die um Viertel vor eins begonnen hatte, und zum erstenmal erschienen mir meine Mitschüler gar nicht so übel.

Während der nächsten vier Tage benutzte ich meine ganze Freizeit, zusätzlich einiger Zeit, die nicht ganz mir gehörte, um ein Dutzend Blätter zu zeichnen, die ich für typische Beispiele amerikanischer Gebrauchsgraphik hielt. Ich arbeitete meistens in Tusche, gelegentlich auch, weil ich das schick fand, mit Bleistift; ich zeichnete Paare in Abendkleidung, die an Premierenabenden aus Limousinen stiegen –

schlanke, aufrechte, superschicke Paare, die ganz offensichtlich niemals in ihrem Leben irgend jemandes Geruchssinn belästigt hatten, weil sie ihre Achselhöhlen immer sorgfältig desodorierten – Paare, die möglicherweise überhaupt keine Achselhöhlen besaßen. Ich zeichnete sonnengebräunte junge Riesen in weißen Smokings, die an weißen Tischen neben türkisblauen Swimmingpools saßen und einander enthusiastisch zutranken mit Highballs aus billigem, aber offensichtlich ultrafashionablem Whisky. Ich zeichnete rotbäckige Biologiebuchkinder, die vor Gesundheit und Übermut nicht wußten, wohin und ihre Frühstücksteller hochhielten und freundlich um mehr baten. Ich zeichnete lachende hochbrüstige Mädchen, die Wasserski fuhren, von keiner Sorge beschwert, weil sie gegen so schreckliche und allgemeine Gefahren wie Zahnfleischbluten, unreinen Teint, unansehnliches Haar, fehlende oder unzureichende Lebensversicherung hinreichend geschützt waren. Ich zeichnete Hausfrauen, die fürchterlich unter zerzaustem Haar, schlechter Haltung, ungezogenen Kindern, gereizten Ehemännern, rauhen (aber schlanken) Händen, unordentlichen (aber riesigen) Küchen litten, bis sie endlich die richtigen Seifenflocken entdeckten.

Als ich diese Zeichnungen fertig hatte, schickte ich sie zusammen mit einem halben Dutzend meiner Gemälde, die ich aus Frankreich mitgebracht hatte, an M. Yoshoto. Ich legte noch einen Brief bei, dem ich den Anschein des Zufälligen zu geben glaubte und in dem ich so nebenbei die bewegende, tief menschliche Geschichte meiner Entwicklung erzählte, die mich in die Einsamkeit und durch mannigfaltige Schwierigkeiten hindurch in unverfälschter romantischer Tradition auf den kalten, weißen, einsamen Gipfel meiner Kunst geführt hatte.

Die nächsten Tage waren von einer unerträglichen Spannung erfüllt. Aber noch bevor die Woche vorüber war, kam ein Brief von M. Yoshoto, der mich als Lehrer für *Les Amis des Vieux Maîtres* engagierte. Die Antwort war englisch, obwohl ich französisch geschrieben hatte. (Später bekam ich heraus, daß M. Yoshoto, der Französisch, aber nicht Englisch konnte, aus irgendeinem Grund die Beantwortung meines Briefes Madame Yoshoto übertragen hatte, die eine gewisse Kenntnis des Englischen besaß.) M. Yoshoto schrieb, daß das Sommersemester wahrscheinlich das arbeitsreichste des Jahres sein werde und daß es am 24. Juni beginne. Ich hätte also, so schrieb er, fünf Wochen Zeit, meine Angelegenheiten zu ordnen, und er sprach mir sein unbegrenztes Mitgefühl für die seelischen und finanziellen Rückschläge aus, die ich kürzlich erlitten hätte, und er hoffe, daß ich es würde möglich machen können, mich am Sonntag, dem 23. Juni, in *Les Amis des Vieux Maîtres* einzufinden, um mich mit meinen zukünftigen Pflichten vertraut zu machen und mit dem Lehrkörper «feste Freundschaft» zu schließen. (Der Lehrkörper bestand, wie ich später erfuhr, aus insgesamt zwei Personen, und diese waren: M. Yoshoto und Mme. Yoshoto.) Er bedauerte tief, daß es nicht zu den Geflogenheiten der Schule gehöre, neu eingestellten Lehrern das Fahrgeld vorzuschießen. Das Anfangsgehalt betrage 28 Dollar wöchentlich; er sei sich darüber klar, daß das kein sehr hoher Betrag sei; aber da Unterkunft und reichliche Verpflegung hinzukämen und da er spüre, daß ich von wahrer Berufung erfüllt sei, hoffe er, daß mich dieses Gehalt nicht allzu sehr enttäuschen werde. Er erwarte freudig mein Telegramm mit der formellen Zusage und meine Ankunft mit einem Gefühl wahrer Zuneigung und verbleibe ergebenst mein neuer Freund und Arbeitgeber I. Yoshoto, früher Kaiserliche Akademie der Schönen Künste, Tokio.

Mein Telegramm mit der formellen Annahme der Bedingungen war innerhalb von fünf Minuten raus. Weil ich sehr erregt war, vielleicht auch, weil ich ein schlechtes Gewissen hatte – denn ich benutzte Bobbys Telefon, um das Telegramm aufzugeben –, hielt ich meinen Text ausnahmsweise kurz und beschränkte ihn auf zehn Worte.

Als ich an diesem Abend wie gewöhnlich Bobby um sieben Uhr zum Abendessen im Ovalen Saal traf, ärgerte ich mich, daß er einen Gast mitgebracht hatte. Ich hatte ihm von meinen neuen außerschulischen Unternehmungen weder etwas gesagt noch angedeutet, und ich lechzte danach, ihn unter vier Augen durch die sensationelle Mitteilung umzuwerfen. Bobbys Gast war eine sehr attraktive junge Dame, die erst seit ein paar Monaten geschieden war. Bobby hatte sie in letzter Zeit oft getroffen, und auch ich war ihr bei verschiedenen Gelegenheiten begegnet. Sie war eine wirklich reizende Person, und ihre freundlichen Aufforderungen, meine Rüstung oder wenigstens meinen Helm abzulegen, interpretierte ich nur zu gern als eine unausgesprochene Einladung, mit ihr bei der nächsten sich bietenden Gelegenheit ins Bett zu gehen – das hieße, sobald sie Bobby, der offensichtlich zu alt für sie war, abhängen konnte. Während des ganzen Essens war ich feindselig und wortkarg, aber dann beim Kaffee gab ich kurz und bündig meine neuen Pläne für den Sommer bekannt. Als ich fertig war, stellte Bobby mir einige sehr intelligente Fragen. Ich antwortete ihm kühl, lässig und kurz und fühlte mich als der unangreifbare Kronprinz.

«Oh, das klingt aber *sehr* aufregend», sagte Bobbys Gast und wartete begierig darauf, daß ich ihr unter dem Tisch meine Montrealer Adresse zusteckte.

Bobby sagte: «Ich dachte, du würdest mit mir nach Rhode Island fahren?»

«Aber, Liebling, sei doch kein Spielverderber», sagte Mrs. X zu ihm.

«Das bin ich gar nicht», sagte Bobby, «aber ich möchte doch gern Genaueres wissen.»

Ich glaubte jedoch, aus seinem Gebaren schließen zu können, daß er in Gedanken schon das Schlafwagenabteil im Zug nach Rhode Island gegen ein unteres Einzelbett umtauschte.

«Das ist die süßeste und interessanteste Stelle, von der ich in meinem Leben gehört habe», sagte Mrs. X mit warmer Stimme zu mir. Ihre Augen funkelten schamlos.

An dem Sonntag, an dem ich auf dem Windsor-Bahnhof in Montreal aus dem Zug stieg, trug ich einen doppelreihigen beigefarbenen Gabardineanzug (von dem ich eine verdammt hohe Meinung hatte), ein marineblaues Flanellhemd, einen kräftigen gelben Baumwollschlips, braun-weiße Schuhe, einen Panamahut (der Bobby gehörte und mir etwas zu klein war) und einen rötlichbraunen Schnurrbart, der genau drei Wochen alt war. M. Yoshoto holte mich ab. Er war ein winziges Männchen, knapp einsfünfzig groß, in einem ziemlich fleckigen Leinenanzug, schwarzen Schuhen und einem schwarzen Filzhut, dessen Krempe ringsum hochgebogen war. Als wir uns die Hände schüttelten, lächelte er weder, noch sagte er einen Ton, soweit ich mich erinnere. Sein Gesichtsausdruck – meine Bezeichnung dafür entsprach unmittelbar einer französischen Ausgabe von Sax Rohmers Fu Manchu-Romanen – war *inscrutable*. Aus unerfindlichen Gründen lächelte ich von Ohr zu Ohr. Ich konnte einfach mein Lächeln nicht auf klein drehen und erst recht nicht abstellen.

Vom Windsor-Bahnhof zur Schule mußten wir einige Meilen mit dem Bus fahren. Ich zweifle daran, daß M. Yoshoto während des ganzen Weges auch nur fünf Worte sagte. Trotz oder wegen seines Schweigens redete ich unaufhörlich. Ich hatte die Beine übereinandergelegt, das Fußgelenk auf dem Knie und benutzte beharrlich meine Socke, um meine schwitzende Handfläche daran abzuwischen. Es schien mir wichtig, meine früheren Lügen über meine Verwandtschaft mit Daumier, den Tod meiner Frau, mein kleines Gut in Südfrankreich nicht nur zu wiederholen, sondern sie noch auszuschmücken. Um mir diese schmerzlichen Erinnerungen zu ersparen (und sie fingen an, mir wirklich schmerzlich zu werden), ging ich zu einem anderen Thema über und sprach von dem ältesten und nächsten Freund meiner Eltern: Pablo Picasso. Der arme Picasso, wie ich ihn nannte. (Ich muß vielleicht noch sagen, daß ich Picasso wählte, weil ich ihn für den französischen Maler hielt, der in den Vereinigten Staaten am besten bekannt war, und der Einfachheit halber rechnete ich Kanada zu den Vereinigten Staaten.) Zu M. Yoshotos Erbauung erzählte ich mit sichtbarem Mitgefühl für einen gefallenen Riesen, wie oft ich zu ihm gesagt hätte: «M. *Picasso, où allez-vous?*» Und wie der Meister als Antwort auf diese allumfassende Frage jedesmal langsam und schwer durch sein Atelier geschritten war, um auf eine kleine Reproduktion seiner «Seiltänzer» zu blicken, auf die längst vergangene Glorie, die einmal die seine gewesen. Das Schlimme an Picasso sei, so erklärte ich M. Yoshoto, als wir aus dem Bus stiegen, daß er auf niemanden höre, nicht einmal auf seine engsten Freunde.

Im Jahre 1939 nahm die Schule *Les Amis des Vieux Maîtres* das zweite Stockwerk eines kleinen, sehr kümmerlich aussehenden dreistöckigen Hauses, genau gesagt, eines Mietshauses im Stadtteil Verdun, dem am wenigsten reizvollen von Montreal, ein. Die Schule lag unmittelbar über einer orthopädischen Werkstatt. Sie bestand aus einem großen Zimmer und einer winzigen Latrine, die sich nicht abschließen ließ. Und doch erschien sie mir in dem Augenblick, als ich eintrat, erstaunlicherweise würdig. Das hatte seinen guten Grund, denn das «Atelier» hing voll gerahmter Bilder, lauter Aquarellen von M. Yoshoto. Noch heute träume ich manchmal von einer gewissen weißen Gans, die durch einen außerordentlich blaßblauen Himmel fliegt – und es war eines der kühnsten und vollendetsten Beweise von Meisterschaft, die ich je gesehen habe, wie sich die Himmelsbläue oder das Ethos der Himmelsbläue im Gefieder des Vogels widerspiegelte. Das Bild hing hinter dem Schreibtisch von Mme. Yoshoto. Dieses Bild und ein oder zwei andere, die ihm an Qualität nahe kamen, bestimmten den Raum.

Als ich mit M. Yoshoto das Atelier betrat, kehrte Mme. Yoshoto gerade, in einem schönen Kimono aus schwarzer und kirschroter Seide, mit einem Handfeger den Boden. Sie war eine grauhaarige Frau, mindestens einen Kopf größer als ihr Mann, und ihr Gesicht wirkte eher malayisch als japanisch. Sie hörte auf zu fegen und kam auf uns zu, und M. Yoshoto stellte uns kurz einander vor. Sie erschien mir genauso *inscrutable* wie M. Yoshoto, vielleicht noch mehr. Dann erbot sich M. Yoshoto, mir mein Zimmer zu zeigen, das, wie er auf französisch erklärte, bis vor kurzem noch sein Sohn bewohnt hatte, der jetzt in Britisch-Kolumbien auf einer Farm arbeitete. (Nach seinem langen Schweigen während der Busfahrt war ich dankbar, ihn etwas Zusammenhängendes sagen zu hören, und ich lauschte begierig.) Er fing an, sich dafür zu entschuldigen, daß im Zimmer seines Sohnes keine Sühle, sondern nur Sitzkissen seien, aber ich versicherte ihm sofort, daß das für mich die reinste Wonne sei: (Ich glaube, ich sagte sogar, daß ich Stühle haßte. Ich war so nervös, ich glaube, wenn er mir gesagt hätte, das Zimmer seines Sohnes sei Tag und Nacht fußhoch überschwemmt, hätte ich wahrscheinlich einen Schrei des Entzückens ausgestoßen, wahrscheinlich hätte ich gesagt, eine seltene Fußkrankheit erfordere, daß ich meine Füße täglich acht Stunden unter Wasser hielte.) Dann führte er mich über eine knarrende Holztreppe in mein Zimmer. Unterwegs informierte ich ihn ausdrücklich, daß ich mich mit Buddhismus beschäftigte. Später entdeckte ich, daß er und seine Frau Presbyterianer waren.

Als ich spät in der Nacht noch wach lag, Mme. Yoshotos japanisch-malayisches Abendessen wie einen Stein im Magen, wo es wie in einem Aufzug auf- und abstieg, begann einer der Yoshotos auf der anderen Seite der Wand in seinem oder ihrem Schlaf zu stöhnen. Es war ein hohes, dünnes gebrochenes Stöhnen, das nicht von einem Erwachsenen, eher von einem tragischerweise unterentwickelten Kind oder einem kleinen, verunstalteten Tier zu kommen schien. (Das Stöhnen wurde zu einer regelmäßigen Spätvorstellung. Ich bekam nie heraus, von welchem der beiden Yoshotos es stammte oder was der Grund dazu war.) Als ich es im Liegen nicht mehr ertragen konnte, stand ich auf, zog meine Pantoffeln an und tastete mich im Dunkeln zu einem der Sitzkissen. Dort saß ich stundenlang mit gekreuzten Beinen, rauchte, drückte die Zigarettenstummel zwischen Sohle und Absatz meines Pantoffels aus und steckte die Kippen in die Brusttasche meiner Pyjamajacke. (Die Yoshotos rauchten nicht, und es gab nirgendwo in der Wohnung einen Aschenbecher.) Einschlafen konnte ich erst gegen fünf Uhr morgens.

Um halb sieben klopfte M. Yoshoto an meine Tür und teilte mir mit, daß das Frühstück um Viertel vor sieben serviert werde. Er fragte mich durch die Tür hindurch, ob ich gut geschlafen hätte, und ich antwortete: «Oui.» Ich zog meinen blauen Anzug an, den ich für einen Lehrer am ersten Schultag für angemessen hielt, dazu den roten Seidenschlips, den meine Mutter mir geschenkt hatte, und ohne mich gewaschen zu haben, eilte ich durch die Diele zur Küche der Yoshotos. Mme. Yoshoto stand am Herd und bereitete ein Fischfrühstück. M. Yoshoto saß in Unterhemd und Hose am Küchentisch und las eine japanische Zeitung. Er nickte mir gleichgültig zu. Keiner von beiden hatte je in höherem Maße *inscrutable* ausgesehen. Sofort wurde mir auf einem Teller irgendein Fisch serviert mit einem schmalen, aber noch mit bloßem Auge wahrnehmbaren Streifen geronnen Catchups auf dem Tellerrand. Mme. Yoshoto fragte mich in einem Englisch, das einen unerwartet reizenden

Akzent hatte, ob ich lieber ein Ei hätte, aber ich sagte: «*Non, Madame, merci.*»

Ich sagte, ich äße nie Eier. M. Yoshoto lehnte seine Zeitung gegen mein Wasserglas, und wir drei aßen schweigend, das heißt sie aßen und ich würgte mein Essen systematisch hinunter.

Nach dem Frühstück zog M. Yoshoto in der Küche ein kragenloses Hemd an, Mme. Yoshoto band ihre Schürze ab, und wir drei gingen verlegen hintereinander die Treppe hinunter ins Atelier. Dort, auf M. Yoshotos geräumigem Schreibtisch, lag ein unordentlicher Haufen von etwa einem Dutzend ungeöffneter, riesiger, dicker, verstärkter Briefumschläge. Mir erschienen sie wie eine Schar frisch gebürsteter und gekämmter Schulneulinge. M. Yoshoto bedeutete mir, zu meinem Schreibtisch zu gehen, der am äußersten Ende des Raumes allein stand, und mich dort hinzusetzen. Dann öffnete er, während Mme. Yoshoto neben ihm stand, einige der Umschläge, und die beiden schienen den jeweiligen Inhalt nach einer bestimmten Methode zu überprüfen, wobei sie sich hin und wieder auf japanisch berieten, während ich in der entfernten Ecke des Raumes in meinem blauen Anzug und roten Seidenschlips saß und versuchte, munter und geduldig zugleich und außerdem noch für das Unternehmen unentbehrlich auszusehen. Aus der Innentasche meiner Jacke zog ich eine Handvoll weicher Zeichenstifte, die ich aus New York mitgebracht hatte, und legte sie so geräuschlos wie möglich auf meinem Pult zurecht. Einmal warf mir M. Yoshoto aus einem unerfindlichen Grund einen Blick zu, und ich drehte ein außerordentlich gewinnendes Lächeln auf. Dann setzten sich beide ganz plötzlich, ohne auch nur ein Wort oder einen Blick an mich zu verschwenden, an ihre Schreibtische und fingen an zu arbeiten. Es war ungefähr halb acht.

Gegen neun nahm M. Yoshoto seine Brille ab, stand auf und kam leise mit einem Bündel Papiere in der Hand zu mir herüber. Anderthalb Stunden lang hatte ich absolut nichts getan, nur zu verhindern versucht, daß mein Magen hörbar knurrte. Sobald M. Yoshoto in meine Nähe kam, stand ich auf, beugte mich ein bißchen vor, um nicht auf eine respektlose Weise zu groß zu erscheinen. Er übergab mir das Bündel Papiere und fragte mich, ob ich so freundlich sein wolle, seine handgeschriebenen Korrekturen aus dem Französischen ins Englische zu übersetzen. Ich sagte: «*Oui, Monsieur*», und er machte eine leichte Verbeugung und ging leise zu seinem Schreibtisch zurück. Ich schob meine Zeichenstifte zur Seite, zog meinen Füller aus der Tasche und fing, mit fast völlig gebrochenem Herzen, an zu arbeiten.

Wie viele gute Künstler lehrte M. Yoshoto das Zeichnen kein bißchen besser, als es von einem mittelmäßigen Künstler gelehrt wird, der ein klein wenig pädagogisch begabt ist. Mit seiner Methode, die darin bestand, daß er seine Zeichnungen auf Pauspapier über die es Schülers legte und seine Korrektur auf die Rückseite der Zeichnung schrieb, war er durchaus fähig, einem einigermaßen begabten Schüler zu zeigen, wie man ein als Schwein erkennbares Schwein in einem als Stall erkennbaren Stall zeichnet, sogar ein malerisches Schwein in einem malerischen Stall. Aber auch um den Preis seines Lebens hätte er keinem zeigen können, wie man ein schönes Schwein in einem schönen Stall zeichnet (und genau dieser kleine technische Hinweis war es, den seine begabteren Schüler so begierig mit der Post zugeschickt haben wollten). Es war nicht etwa so, daß muß ich hinzufügen, daß er bewußt oder unbewußt mit seinem Talent gegeizt oder daß er sich bewußt geweigert hätte, es zu verschwenden: Es war ihm einfach nicht gegeben, andere daran teilnehmen zu lassen. Das ungeschminkte Wahre an dieser Erkenntnis war für mich nicht überraschend, und so störte es mich zunächst nicht. Aber im Laufe der Stunden, während ich da an meinem Schreibtisch saß, nahm sein Gewicht zu, und als die Lunchzeit gekommen war, mußte ich schon schrecklich aufpassen, um meine Übersetzungen nicht mit den schweißnassen Handballen zu verwischen. Und was die Sache noch schlimmer machte: M. Yoshotos Handschrift war kaum lesbar. Jedenfalls, als die Essenszeit kam, beschloß ich, mich der Gesellschaft der Yoshotos zu entziehen. Ich sagte, ich müsse zur Post gehen, und schon rannte ich fast die Treppe hinunter auf die Straße und ging schnell und ziellos durch ein Labyrinth fremder, schäbig aussehender Straßen. Als ich eine Imbißstube sah, stürzte ich hinein, schlang vier heiße Würstchen hinunter und spülte drei Tassen trüben Kaffee nach.

Auf dem Weg zurück nach *Les Amis des Vieux Maîtres* fing ich an, zuerst mit der mir vertrauten Unschlüssigkeit, mit der ich immer fertig zu werden wußte, darüber nachzudenken, ob die Tatsache, daß M. Yoshoto mich den ganzen Morgen über ausschließlich als Übersetzer beschäftigt hatte, *persönliche* Gründe haben könnte, aber ich steigerte mich immer mehr in Panik. Hatte der alte Fu-Manchu von Anfang an gewußt, daß ich neben anderen irreführenden Dekorationen und Masken den Schnurrbart eines erst neunzehnjährigen Jungen trug? Diese Vorstellung war fast unerträglich, und außerdem sträubte sich mein Gerechtigkeitssinn immer mehr dagegen. Da war ich also, ein Mann, der drei erste Preise gewonnen hatte, ein enger Freund von Picasso (was ich tatsächlich zu glauben anfing) und wurde als Übersetzer mißbraucht. Die Strafe war dem Vergehen nicht angemessen. Und eins, mein Schnurrbart, so spärlich er auch war, gehörte wirklich ganz mir. Ich hatte ihn mir nicht mit Maskenkleister angeklebt. Während ich zur Schule zurückeilte, vergewisserte ich mich seiner, indem ich mit den Fingern über ihn strich. Aber je länger ich über die ganze Sache nachdachte, desto schneller ging ich, bis ich zuletzt fast in Trab fiel, fast als erwarte ich jeden Augenblick, daß aus allen Richtungen mit Steinen nach mir geworfen würde.

Obwohl ich für mein Mittagessen nur vierzig Minuten gebraucht hatte, saßen, als ich zurückkam, beide Yoshotos schon an ihren Schreibtischen und arbeiteten. Sie blickten weder auf, noch gaben sie irgendein Zeichen von sich, daß sie mich hatten kommen hören. Schweißgebadet und außer Atem ging ich durchs Zimmer und setzte mich an meinen Schreibtisch. Die nächsten fünfzehn oder zwanzig Minuten saß ich unbewegt und ließ mir alle möglichen nagelneuen Picasso-Anekdoten durch den Kopf gehen für den Fall, das M. Yoshoto plötzlich aufstehen, zu mir kommen und mich entlarven würde. Und dann plötzlich stand er wirklich auf und kam zu mir herüber. Ich erhob mich, um mich, wenn nötig, sofort mit einer frischen, kleinen Picasso-Story auf ihn zu stürzen, aber zu meinem Schrecken fiel mir in dem Augenblick, als er bei mir stand, nichts mehr ein. Ich nahm die Gelegenheit wahr, um meine Bewunderung für die fliegende Gans auszudrücken, die über Mme. Yoshoto hing. Ich pries sie ausführlich und mit großen Worten. Ich sagte, ich wüßte einen Mann in Paris, gelähmt, aber sehr wohlhabend, der sofort jeden Preis für dieses Bild zahlen würde. Ich sagte, ich würde, falls M. Yoshoto interessiert sei, sofort Verbindung mit diesem Mann aufnehmen. Zum Glück sagte M. Yoshoto, das Bild gehöre seinem Vetter, der gerade in Japan auf Verwandtenbesuch sei, und noch bevor ich mein Bedauern darüber aussprechen konnte, fragte er mich, wobei er mich als M. de Daumier-Smith ansprach, ob ich wohl so freundlich sei, ein paar Arbeiten zu korrigieren. Er ging zu seinem Schreibtisch, kam mit drei riesigen gebauschten Umschlägen zurück und legte sie auf meinen Tisch. Und während ich benommen dastand, unaufhörlich nickte und durch meine Jacke hindurch nach den Zeichenstiften tastete, die ich wieder eingesteckt hatte, erklärte mir M. Yoshoto die Lehrmethode der Schule (oder eigentlich die nicht vorhandene Methode). Nachdem er zu seinem Schreibtisch zurückgegangen war, brauchte ich einige Zeit, meine Fassung wiederzufinden. Alle drei Schüler, die mir zugewiesen waren, waren englischsprechende. Die erste war eine dreiundzwanzigjährige Hausfrau aus Toronto mit dem Künstlernamen Bambi Kramer, die die Schule bat, ihre Post entsprechend zu adressieren. Alle neuen Schüler von *Les Amis des Vieux Maîtres* waren angewiesen, Fragebogen auszufüllen und ein Foto beizufügen. Miss Kramer hatte ein Glanzfoto beigelegt, Format acht mal neun, es zeigte sie mit einem Kettchen um das Fußgelenk, in einem trägerlosen Badeanzug und einer runden Matrosenmütze; auf ihrem Fragebogen hatte sie als ihre Lieblingsmaler Rembrandt und Walt Disney angegeben. Sie sagte außerdem, sie hoffe, daß ihr Werk eines Tages Elemente von beiden enthalten werde. Ihre Probearbeiten waren wie etwas Nebensächliches hinter ihr Foto geheftet. Jede einzelne davon zog einem die Schuhe aus. Eine ist mir unvergeßlich. Diese unvergeßliche war ein farbenfrohes Aquarell mit dem Titel «*Vergib ihnen ihre Schuld*». Es zeigte drei kleine Jungen, die in einem merkwürdig aussehenden Tümpel fischten, und einer hatte seine Jacke über das Schild «Angeln verboten» gehängt. Der größte Junge, der im Vordergrund des Bildes stand, schien offensichtlich an einem Bein an Auszehrung, an dem anderen an Elephantiasis zu leiden – eine Kombination, mit der die Miss Kramer hatte ausdrücken wollen, daß der Junge mit etwas gespreizten Beinen dastand.

Mein zweiter Schüler war ein sechsundfünzigjähriger Porträtfotograf aus Windsor, Ontario, mit Namen R. Howard Ridgefield, der schrieb, seine Frau liege ihm schon seit Jahren in den Ohren, er solle doch zur Malerei überwechseln. Seine Lieblingsmaler waren Rembrandt, Sargent und *Titan*, aber er fügte vorsichtshalber hinzu, daß er selber nicht beabsichtige, sie nachzuahmen. Er schrieb, er sei mehr an Karikaturen als an der ernsten Kunst interessiert, und um sein Glaubensbekenntnis zu bekräftigen, hatte er einen ziemlichen Packen von Zeichnungen und Gemälden beigefügt. Eins seiner Bilder, das ich für sein Hauptwerk hielt, ist mir auch nach Jahren noch so genau in Erinnerung wie etwa die Schlagertexte «*Sweet Sue*» und «*Let me call you Sweetheart*». Es karikierte die bekannte, täglich sich ereignende Tragödie eines keuschen jungen Mädchens mit auf die Schultern herabhängendem blonden Haar und eutergroßen Brüsten, das auf verbrecherische Weise in der Kirche, ja im Schatten des Altars von einem Pfarrer belästigt wird. Die Kleidung beider Beteiligten war offensichtlich erheblich in Unordnung geraten. Ich war eigentlich weniger von dem satirischen Inhalt des Bildes betroffen als von der handwerklichen Qualität, die darin investiert war. Wenn die beiden nicht Hunderte von Meilen voneinander entfernt gewohnt hätten, hätte ich geschworen, daß Ridgefield, was das Technische betraf, Bambi Kramers Hilfe in Anspruch genommen hatte. Als ich neunzehn war, reagierte in jeglicher

Krise, die ich zu bestehen hatte – die sehr seltenen Ausnahmen bestätigen diese Regel –, mein Musikantenknochen durch teilweise oder vollständige Lähmung. Ridgefield und Miss Kramer haben mir manches angetan, aber niemals waren sie auch nur nahe daran, mir Spaß zu machen. Während ich ihre eingesandten Arbeiten durchsah, war ich drei- oder viermal versucht, zu M. Yoshoto zu gehen und offiziell gegen diese Zumutung zu protestieren. Aber ich hatte keine klare Vorstellung davon, in welcher Form ich diesen Protest vorbringen könnte. Ich glaube, ich hatte einfach Angst, ich könnte zu ihm hinüber an seinen Schreibtisch gehen, um mit schriller Stimme zu sagen: «Meine Mutter ist gestorben, und ich muß bei ihrem reizenden Gatten leben, und in New York spricht keiner Französisch – *und überhaupt, im Zimmer Ihres Sohnes gibt es keine Stühle*, und erwarten Sie vielleicht von mir, ich soll diesen beiden Verrückten Zeichnen beibringen?» Aber schließlich, da ich eine lange Übung darin hatte, Verzweiflung gelassen hinzunehmen, gelang es mir doch sehr leicht, auf meinem Stuhl sitzen zu bleiben. Ich öffnete den Umschlag meines dritten Schülers.

Mein dritter Schüler war eine Nonne vom Orden der Schwestern vom Hl. Joseph, sie hieß Schwester Irma und lehrte «Kochen und Zeichnen» an einer Klosterschule nicht weit von Toronto. Ich habe nicht die geringste Ahnung, wo ich anfangen soll, den Inhalt ihres Umschlags zu beschreiben. Ich will nur zuerst erwähnen, daß Schwester Irma anstatt eines Fotos von sich ohne jede Erklärung dieser Tatsache eine Aufnahme ihres Klosters beigelegt hatte. Auch fällt mir jetzt ein, daß sie die Rubrik «Alter des Schülers» nicht ausgefüllt hatte; was alle anderen Rubriken betrifft, war ihr Fragebogen ausgefüllt, wie kein Fragebogen in *dieser* Welt ausgefüllt zu werden verdient.

Geboren und aufgewachsen war sie in Detroit, Michigan, wo ihr Vater «Prüfer von Ford-Automobilen» gewesen war. Ihre akademische Bildung bestand aus einem einzigen Jahr höherer Schule, und sie hatte niemals richtigen Zeichenunterricht gehabt. Der einzige Grund, warum sie Zeichenunterricht gab, war der, daß Schwester Soundso gestorben war, und Pater Zimmermann (ein Name, der mich mit voller Wucht traf, weil es der Name des Zahnarztes war, der mir acht Zähne gezogen hatte) – Pater Zimmermann hatte also einfach bestimmt, sie solle einspringen. Sie schrieb, sie habe «34 Mädelchen in ihrer Kochklasse und achtzehn Mädelchen in ihrer Zeichenklasse». Ihre Hobbies seien, ihren Herrn und das Wort ihres Herrn zu lieben und «Blätter zu sammeln, aber nur die, die richtig abgefallen sind und auf der Erde liegen». Ihr Lieblingsmaler war Douglas Bunting. (Ich scheue mich nicht zu bekennen, daß ich jahrelang vergeblich versucht habe, etwas über diesen Maler herauszufinden.) Sie schrieb, ihre Mädelchen malten «am liebsten Leute, die laufen, und das ist das einzige, worin ich schrecklich schlecht bin». Sie schrieb, sie würde wirklich hart arbeiten, um besser zeichnen zu lernen, und sie hoffe, wir würden ein wenig Geduld mit ihr haben.

Ihrem Brief beigefügt waren insgesamt nur sechs Arbeitsproben. (Alle ihre Werke waren unsigniert – eine sehr belanglose Tatsache, die mir aber an diesem Tag als unverhältnismäßig wohltuend erschien, denn sowohl Bambi Kramers als Ridgefields Bilder waren alle signiert oder – was mich irgendwie noch mehr reizte – mit den Initialen versehen.) Noch nach dreizehn Jahren erinnere ich mich nicht nur aller sechs Probearbeiten von Schwester Irma mit allen Einzelheiten, vier davon habe ich, wie ich manchmal meine, etwas zu genau gegenwärtig, als für meinen Seelenfrieden gut ist. Ihr bestes Bild war mit Wasserfarben auf braunes Papier gemalt. (Auf braunes Papier, besonders Packpapier, zu malen, macht Spaß und hat etwas Gemütliches; viele erfahrene Künstler haben es nicht verschmäht, wenn ihnen nicht gerade der Sinn nach Unsterblichkeit stand.) Das Bild zeigte trotz seines nicht allzu großen Ausmaßes (es war etwa 30 mal 38 Zentimeter groß) eine bis ins äußerste detaillierte Schilderung der Grablegung Christi in Joseph von Arimathias Garten. In der rechten Ecke des Vordergrunds trugen zwei Männer, die Josephs Diener zu sein schienen, ziemlich ungeschickt den Leichnam. Joseph von Arimathia folgte unmittelbar hinter ihnen; den Umständen entsprechend ging er vielleicht ein kleines bißchen zu aufrecht. Demütig, in respektvollem Abstand, folgten Joseph die Frauen von Galiläa, zusammen mit einer buntscheckigen, Tür und Tor sprengenden Menge von Trauernden, Neugierigen und Kindern und nicht weniger als drei mutwillig springenden, unehrerbietigen Straßenkötern.

Die Hauptfigur des Bildes war für mich eine Frau im linken Vordergrund, die den Betrachter unmittelbar ansah. Sie hatte ihre rechte Hand über den Kopf erhoben und gab irgend jemandem – vielleicht ihrem Kind oder ihrem Mann, vielleicht auch dem Betrachter – wie wahnsinnig Zeichen, doch alles liegen und stehen zu lassen und sofort herbeizueilen. Zwei Frauen in der ersten Reihe der Menge trugen Heiligenscheine. Da ich keine Bibel zur Hand hatte, konnte ich nur erraten, wer sie waren; wen ich sofort erkannte, das war Maria Magdalena. Ich hätte meinen Kopf darum gewettet, daß sie es war. Sie ging in der Mitte des Vordergrunds, ganz offensichtlich von der Menge getrennt, und ihre Arme hingen an den Seiten herunter. Nichts war ihr von ihrem Schmerz anzusehen, sie trug ihn sozusagen nicht offen zur Schau – es waren tatsächlich keine äußeren Merkmale ihrer verflossenen, beneidenswerten Beziehungen zu dem Verstorbenen festzustellen. Ihr Gesicht war, wie alle Gesichter auf dem Bild, in einem billigen, malfertigen, fleischfarbenen Ton gemalt. Es war auf schmerzliche Weise deutlich zu sehen, daß Schwester Irma diese Farbe unbefriedigend gefunden und auf ihre unerfahrene, vornehme Art versucht hatte, den Fleischton etwas weniger auffällig zu machen. Sonst waren in diesem Bild keine ernsthaften Fehler, jedenfalls nur solche, die zu erwähnen Beckmesserei wäre. Mein Urteil über das Bild war: ein Kunstwerk, dessen Urheberin auf eine bestürzende Weise begabt war und an diesem Kunstwerk Gott weiß wie viele Stunden sehr schwer gearbeitet hatte.

Im ersten Eifer wollte ich sofort mit Schwester Irmas Arbeit zu M. Yoshoto hinüberrennen, aber auch diesmal blieb ich sitzen, und zwar, weil ich das Risiko, Schwester Irma könne mir weggenommen werden, nicht auf mich nehmen wollte. Schließlich klebte ich ihren Umschlag wieder zu, schob ihn beiseite mit der erregenden Vorstellung, daß ich abends in meiner Freizeit daran arbeiten würde, und verbrachte den Rest des Nachmittags damit, mit mehr Toleranz, als ich mir zugetraut hätte, fast sogar mit gutem Willen, Korrekturen an einigen männlichen und weiblichen Nuditäten (ohne Geschlechtsorgane) vorzunehmen, die R. Howard Ridgefield auf seine bourgeoise und obszöne Weise gezeichnet hatte.

Als es Zeit wurde, ans Abendessen zu denken, öffnete ich drei Hemdknöpfe und steckte Schwester Irmas Umschlag an eine Stelle, wo weder Diebe noch – ich wollte sichergehen – die Yoshotos einbrechen konnten.

Alle Abendmahlzeiten in *Les Amis des Vieux Maîtres* gingen nach ungeschriebenen und unausgesprochenen, aber eisern-unabänderlichen Regeln vor sich. Punkt halb sechs stand Mme. Yoshoto auf, verließ ihren Schreibtisch und ging hinauf, um das Abendessen vorzubereiten, und Punkt sechs, auf die Sekunde, folgten M. Yoshoto und ich – im Gänsemarsch. Von dieser Regel gab es keine Abweichungen, wie notwendig und hygienisch es auch hätte sein können. An diesem Abend, mit Schwester Irmas Umschlag warm an meiner Brust, fühlte ich mich so entspannt wie nie zuvor; tatsächlich war ich während des ganzen Abendessens fast ausgelassen. Ich zwitscherte ihnen eine Picasso-Anekdote vor, die ich gerade gehört hatte und die ich mir eigentlich für einen Regentag hatte aufsparen wollen. M. Yoshoto senkte kaum seine japanische Zeitung, um mir zuzuhören, aber Mme. Yoshoto schien aufmerksam, jedenfalls nicht unaufmerksam, zuzuhören. Denn immerhin, als ich mit meiner Geschichte zu Ende war, sprach sie mich an, zum erstenmal, seit sie mich am frühen Morgen gefragt hatte, ob ich ein Ei haben wolle. Sie fragte mich, ob ich nicht doch lieber einen Stuhl in meinem Zimmer hätte. Ich sagte schnell: «*Non, non, merci, madame.*» Ich sagte, da die Sitzkissen fest an der Wand stünden, hätte ich eine gute Gelegenheit, mich im Aufrechtsitzen zu üben, und ich stand auf, um ihr zu zeigen, wie krumm mein Rücken war.

Nach dem Essen fingen die Yoshotos an, sich auf japanisch zu unterhalten, wahrscheinlich über mich, und ich fragte, ob ich aufstehen dürfe. M. Yoshoto sah mich an, als wisse er gar nicht, wie ich in seine Küche gekommen sei, aber dann nickte er, und ich ging rasch durch den Flur auf mein Zimmer. Ich knipste sofort die Deckenlampe an, schloß die Tür hinter mir, holte meine Zeichenstifte aus der Tasche, zog meine Jakke aus, knöpfte mein Hemd auf und setzte mich mit Schwester Irmas Umschlag auf eins der Sitzkissen. Bis vier Uhr früh widmete ich mich den nach meiner Auffassung wichtigsten Punkten von Schwester Irmas künstlerischer Erziehung. Dabei hatte ich alle meine Utensilien um mich herum auf dem Boden ausgebreitet.

Zuerst machte ich zehn oder zwölf Bleistiftskizzen; um nicht Papier aus dem Atelier holen zu müssen, zeichnete ich auf meinem eigenen Block und benutzte jeweils beide Seiten des Blattes . Danach schrieb ich einen langen, endlos langen Brief. Mein Leben lang habe ich wie eine überneurotische Elster jede Kleinigkeit aufbewahrt, und ich besitze noch heute den vorletzten Entwurf des Briefes, den ich Schwester Irma in jener Juninacht des Jahres 1939 schrieb. Ich könnte ihn hier wörtlich abschreiben, aber das ist wohl nicht notwendig. Den größten Teil des Briefes – und ich meine wirklich den größten – brauchte ich, um ihr klarzumachen, wo und wie sie in ihrem Hauptwerk kleine Fehler gemacht habe, hauptsächlich was die Farbgebung betraf. Ich zählte ihr einige Malutensilien auf, die ich für unbedingt notwendig hielt, und rechnete ihr aus, wieviel das ungefähr kosten würde. Ich fragte sie, wer Douglas Bunting sei, ich fragte sie, wo ich Bilder von ihm sehen könne. Ich fragte sie (und ich wußte, wie dumm die Frage war), ob sie jemals Reproduktionen der Gemälde von Antonello da Messina gesehen habe. Ich bat sie, mir bitte zu sagen, wie alt sie sei, und versicherte ihr umständlich, daß diese Mitteilung, falls sie sie mir gebe, meine Diskretion vollkommen sicher sei. Ich schrieb, der einzige Grund zu dieser Frage sei mein Wunsch, sie wirklich erfolgreich zu unterweisen. Fast im gleichen Satz fragte ich, ob es erlaubt sei, in ihrem Kloster Besuch zu empfangen.

Die letzten Zeilen (oder der letzte Quadratmeter) meines Briefes sollten, so meine ich, hier wörtlich zitiert werden, einschließlich Syntax und Interpunktion.

Sollten Sie zufällig die französische Sprache beherrschen, so hoffe ich sehr, Sie werden es mich wissen lassen, denn in dieser Sprache kann ich mich noch genauer ausdrücken, da ich den größeren Teil meiner Jugend hauptsächlich in Paris, Frankreich, verbracht habe.

Da Sie offensichtlich besonders am Zeichnen sich bewegender Gestalten interessiert sind, um Ihre Schülerinnen im Kloster in dieser Technik zu unterweisen, lege ich Ihnen einige Skizzen bei, die ich selber gezeichnet habe und die Ihnen vielleicht von Nutzen sind. Sie werden sicher feststellen, daß ich sie ziemlich rasch gezeichnet habe und daß sie keineswegs vollkommen oder auch nur annähernd vorbildlich sind, aber ich glaube, sie zeigen Ihnen doch die elementaren Regeln, an denen Sie so interessiert sind. Unglücklicherweise hat der Direktor der Schule hier, wie ich sehr fürchten muß, keine Vorstellung davon, wie man Zeichnen lehrt. Ich bin entzückt darüber, wie fortgeschritten Sie schon sind, aber was ich nach seiner Meinung mit meinen anderen Schülern tun soll, die sehr zurückgeblieben und ziemlich dumm sind, davon habe ich keine Vorstellung.

Unglücklicherweise bin ich ungläubig, aber selbstverständlich bin ich auch als Außenstehender ein Bewunderer des heiligen Franz von Assisi. Ich weiß nicht, ob Sie genau darüber Bescheid wissen, was er sagte, als sie mit einem glühenden Eisen eins seiner Augen ausbrennen wollten. Er sagte folgendes: «Bruder Feuer, Gott machte dich schön und stark und nützlich. Ich bitte dich, sei höflich zu mir.» Etwa in der gleichen Weise, wie er sprach, malen Sie, scheint mir. Ich finde diese Weise in manchen erfreulichen Einzelheiten Ihrer Bilder. Darf ich mir übrigens noch die Frage erlauben, ob die junge Dame in Blau, die man im Vordergrund des Bildes sieht, Maria Magdalena ist? Ich meine natürlich auf dem Bild, über das wir gesprochen haben. Wenn sie es nicht ist, so würde mich das sehr enttäuschen. Aber solche Enttäuschungen sind mir nicht neu.

Ich hoffe sehr, daß Sie völlig über mich verfügen, solange Sie Schülerin von Les Amis des Vieux Maîtres sind. Offengestanden halte ich Sie für hochbegabt und wäre nicht im geringsten überrascht, wenn schon in absehbarer Zeit Ihr wahrer Genius durchbräche. Ich würde Sie nicht ermutigen, wenn ich nicht von Ihnen überzeugt wäre. Es ist diese Überzeugung, die mich veranlaßt, zu fragen, ob die junge Dame im Vordergrund des Bildes Maria Magdalena ist, denn wenn sie es ist, dann hat in dieser Gestalt, fürchte ich, Ihr erwachender Genius über Ihre Religiosität gesiegt. Aber ich glaube, darüber brauchen Sie nicht beunruhigt zu sein.

In der aufrichtigen Hoffnung, daß Sie sich vollkommener und uneingeschränkter Gesundheit erfreuen, bin ich in großer Ehrerbietung

(gezeichnet)   Jean de Daumier-Smith
Mitglied des Lehrkörpers von
Les Amis des Vieux Maîtres

P.S.

Ich vergaß Ihnen mitzuteilen, daß die Schüler angewiesen werden, jeden zweiten Montag Arbeiten einzureichen. Würden Sie so freundlich sein, mir das nächste Mal einige Landschaftsskizzen einzusenden? Zeichnen Sie mit lockerer Hand und frisch drauflos. Ich weiß natürlich nicht, wieviel Zeit zum Zeichnen man Ihnen im Kloster läßt, bitte teilen Sie es mir mit. Und bitte beschaffen Sie sich die notwendigen Materialien, die Ihnen vorzuschlagen ich so frei war, denn es liegt mir daran, daß Sie so bald wie möglich beginnen, in Öl zu malen. Vielleicht darf ich mir die Bemerkung erlauben, Sie sind eine zu leidenschaftliche Künstlerin, als daß Sie nur Aquarell und nie in Öl malen sollten. Bitte, empfinden Sie diese Bemerkung nicht als zudringlich, ich meine es ganz objektiv. Eigentlich will ich Ihnen damit ein Kompliment machen. Auch bitte ich Sie, mir alle früheren Arbeiten zu schicken, soweit Sie sie greifbar haben, da ich sie gern sehen möchte. Ich brauche wohl nicht zu betonen, daß die Zeit bis zum Eintreffen Ihres nächsten Briefes mir unerträglich lang werden wird.

Wenn ich damit nicht meine Zuständigkeit überschreite, würde ich Sie herzlich bitten, mir doch zu sagen, ob Sie das Klosterleben – ich meine das natürlich rein spirituell – befriedigend finden. Offengestanden, seitdem ich die Bände, 36, 44 und 45 der Harvard-Klassiker gelesen habe, die Sie vielleicht kennen, habe ich mich mit Interesse mit verschiedenen Religionen beschäftigt. Besonders begeistert bin ich über Martin Luther, der freilich ein Protestant war. Bitte, nehmen Sie mir das nicht übel, ich bin kein Dogmatiker, das liegt nicht in meiner Natur. Als letzte Bitte schließlich – vergessen Sie nicht, mir Ihre Besuchsstunden mitzuteilen, denn soweit ich weiß, habe ich die Wochenenden frei, und es könnte sein, daß ich an einem freien Samstag einmal zufällig in Ihrer Nähe bin. Bitte vergessen Sie auch nicht mir mitzuteilen, ob Sie einigermaßen Französisch verstehen, denn wenn ich das ausdrücken will, was mich im Innersten bewegt, dazu fehlen mir im Englischen die Worte.

*Das liegt an den unruhigen und wechselvollen Umständen, unter denen
ich aufgewachsen bin.*

Gegen halb vier morgens ging ich auf die Straße, um meinen Brief mit
den Zeichnungen an Schwester Irma einzuwerfen. Dann ging ich, buchstäblich überglücklich, in mein Zimmer zurück, zog mich mit steifen
Fingern aus und ließ mich ins Bett fallen.

Aber bevor ich einschlief, drang dieses Stöhnen aus dem Schlafzimmer der Yoshotos wieder durch die Wand. Ich stellte mir vor, daß beide
Yoshotos am Morgen zu mir kommen und mich anflehen würden, an
ihrem geheimen Kummer bis in die letzte schreckliche Einzelheit hinein
teilzunehmen. Ich sah genau, wie es vor sich gehen würde: Ich würde
zwischen ihnen am Küchentisch sitzen und jedem von ihnen zuhören.
Ich würde zuhören, zuhören, zuhören, meinen Kopf in die Hände ge-
stützt, bis ich endlich, unfähig es länger zu ertragen, an Mme. Yoshotos
Hals hineingreifen, ihr Herz in meine Hand nehmen und es wie einen
Vogel wärmen würde. Wenn dann alles wieder gut wäre, würde ich den
Yoshotos Schwester Irmas Arbeiten zeigen, und sie würden an meiner
Freude teilhaben.

Es wird einem immer viel zu spät klar, daß der Unterschied zwischen
Glücklichsein und Freude darin besteht, daß Glücklichsein fest und
Freude flüssig ist. Meine Freude begann schon auszulaufen, als M. Yoshoto früh am nächsten Morgen mit den Arbeiten zweier neuer Schüler
an meinen Schreibtisch kam. Ich arbeitete gerade an Bambi Kramers
Zeichnungen, ich tat es ganz gelassen, denn ich wußte ja, daß mein Brief
an Schwester Irma sicher im Briefkasten lag, aber ich war nicht annähernd auf die neckische Tatsache gefaßt, daß es in der Welt zwei Menschen gab, die noch weniger Talent zum Zeichnen hatten als Bambi und
R. Howard Ridgefield. Da ich meine Kräfte schwinden fühlte, zündete
ich mir zum erstenmal, seit ich Mitglied des Lehrkörpers geworden
war, eine Zigarette an. Das half mir, und ich wandte mich wieder Bam-
bis Arbeit zu. Aber noch bevor ich drei oder vier Züge getan hatte, spürte ich, ohne eigentlich aufzublicken, daß M. Yoshoto mich ansah. Dann
wurde meine Ahnung bestätigt, denn ich hörte, wie er seinen Stuhl zu-
rückschob. Wie üblich stand ich auf, als er herüberkam. Er erklärte mir
in seinem verflucht aufreizenden Flüsterton, daß er persönlich nichts
gegen das Rauchen habe, daß aber die Schulordnung das Rauchen im
Atelier verbiete. Meine überschwenglichen Entschuldigungen schnitt
er mit einer großmütigen Handbewegung kurz ab und ging an seinen

Schreibtisch zurück. In panischer Angst dachte ich darüber nach, wie ich, ohne verrückt zu werden, die nächsten dreizehn Tage bis zu dem Montag, an dem Schwester Irmas Brief fällig war, überstehen sollte.

Das war am Dienstag. Den Rest der Arbeitszeit dieses und der beiden nächsten Tage war ich fieberhaft tätig. Ich nahm alle Zeichnungen von Bambi Kramer und R. Howard Ridgefield auseinander und setzte sie, indem ich ganz neue Teile hineinflickte, wieder zusammen. Ich entwarf für beide buchstäblich Dutzende von beleidigend primitiven, aber ganz instruktiven Zeichenübungen. Ich schrieb ihnen lange Briefe, ich flehte R. Howard Ridgefield fast an, sein Karikaturenzeichnen für eine Zeitlang aufzugeben. Mit einem Höchstmaß an Höflichkeit ersuchte ich Bambi, eine Zeitlang keine Zeichnungen mehr mit einem Titel wie *«Vergib ihnen ihre Schuld»* einzuschicken. Dann fing ich am Donnerstagnachmittag, als ich mich frisch und munter fühlte, mit einem der neuen Schüler an. Es war ein Amerikaner aus Bangor, Maine, der in seinem Fragebogen mit wortreicher, biedermännischer Aufrichtigkeit sich selbst als seinen Lieblingsmaler bezeichnete. Er nannte sich selbst einen abstrakten Realisten. In meinen freien Abendstunden am Dienstag fuhr ich mit dem Bus nach Montreal und saß in einem drittklassigen Kino ein ganzes Zeichenfilmprogramm ab. So war ich den größten Teil des Abends hindurch Zeuge, wie Katzen von einer Mäusebande mit Champagnerkorken bombardiert wurden. Am Mittwochabend legte ich in meinem Zimmer drei der Sitzkissen aufeinander und versuchte Schwester Irmas Bild *«Grablegung Christi»* aus dem Gedächtnis nachzuzeichnen.

Ich bin versucht zu sagen, daß der Donnerstagabend seltsam, vielleicht sogar makaber verlief, aber in Wirklichkeit finde ich keine passenden Adjektive für diesen Abend. Ich weiß nicht, wohin ich ging, als ich nach dem Abendessen *Les Amis* verließ, vielleicht ging ich ins Kino, vielleicht machte ich einen langen Spaziergang, es fällt mir nicht mehr ein. Und auch mein Tagebuch von 1939 läßt mich diesmal im Stich, denn die entsprechende Seite ist vollkommen leer.

Immerhin weiß ich, warum die Seite leer ist. Wo immer auch ich den Abend verbracht hatte – als ich zurückkam – ich erinnere mich, daß es schon dunkel war –, blieb ich auf dem Gehsteig vor der Schule stehen und blickte in die erleuchtete Auslage der orthopädischen Werkstatt. Da geschah etwas wirklich Scheußliches. Ich hatte plötzlich die Zwangsvorstellung, wie kühl, vernünftig oder leicht ich eines Tages auch lernen würde, mit dem Leben fertig zu werden, nie würde ich etwas anderes sein als Gast in einem Park voll emaillierter Urinflaschen und Bettpfannen, in dem eine blicklose, hölzerne Schaufensterpuppe mit Bruchband als Gottheit verehrt wurde. Diese Vorstellung war nicht länger als ein paar Sekunden zu ertragen. Ich erinnere mich, daß ich die Treppe hinauffloh, in mein Zimmer stürzte, mich auszog und ins Bett legte, ohne auch nur mein Tagebuch zu öffnen, geschweige denn etwas darin einzutragen.

Stundenlang lag ich zitternd im Bett, horchte auf das Stöhnen im Zimmer nebenan und versuchte angestrengt, an meine Lieblingsschülerin zu denken. Ich versuchte mir den Tag vorzustellen, an dem ich sie in ihrem Kloster besuchen würde, sah sie, wie sie hinter einem hohen Drahtzaun auf mich zukam, ein schüchternes, schönes achtzehnjähriges Mädchen, das die ewigen Gelübde noch nicht abgelegt hatte und noch frei war, mit dem Aballard ihrer Wahl in die Welt zu ziehen. Und dann gingen wir langsam und schweigend in einen fernen grünen Winkel des Klostergartens, wo ich plötzlich auf eine unsündige Weise meinen Arm um ihre Taille legte. Diese Vorstellung war zu ekstatisch, um standzuhalten, und schließlich schlief ich entspannt ein.

Am Freitag verbrachte ich den Vormittag und den größten Teil des Nachmittags mit schwerer Arbeit. Ich versuchte mit Hilfe von Pauspapier aus einem Wald phallischer Symbole, die der Mann aus Bangor, Maine, pedantisch auf teures Leinenpapier gezeichnet hatte, einen Wald erkennbarer Bäume zu machen. Ich war geistig, seelisch und körperlich ziemlich erschöpft, als es auf halb fünf ging, und so erhob ich mich nur halb, als M. Yoshoto für einen Augenblick an meinen Tisch trat. Er übergab mir etwas, übergab es mir so unpersönlich wie der Durchschnittskellner einem die Speisekarte reicht. Es war ein Brief der Schwester Oberin von Schwester Irmas Kloster; sie teilte M. Yoshoto mit, daß Pater Zimmermann, gezwungen durch Umstände, die sich seinem Einfluß entzogen, sich entschlossen habe, seine Einwilligung zu Schwester Irmas Kunststudium an *Les Amis des Vieux Maîtres* zurückzuziehen. Die Schreiberin sagte, sie bedaure zutiefst, wenn sie der Schule dadurch Unannehmlichkeiten verursache. Und sie hoffe zuversichtlich, daß die erste Schulgeldrate von 14 Dollar der Diözese zurückerstattet werde.

Es ist mir schon vor Jahren klargeworden, daß die Maus, die mit knapper Not aus einem brennenden Haus entkommen ist, wenn sie nach Hause humpelt, einen bombensicheren Plan im Kopf hat, wie sie die Katze töten kann. Nachdem ich den Brief der Schwester Oberin gelesen, noch einmal gelesen und dann minutenlang angestarrt hatte, wandte ich mich plötzlich von ihm ab und schrieb meinen vier verbliebenen Schülern Briefe, in denen ich ihnen riet, ihre künstlerischen Ambitionen endgültig aufzugeben. Jedem einzelnen von ihnen erklärte ich, daß sie sowohl ihre eigene Zeit als auch die der Schule sinnlos verschwendeten. Ich schrieb alle vier Briefe französisch, und als ich sie fertig hatte, ging ich sofort hinunter und warf sie in den Kasten. Die Genugtuung, die ich empfand, war von sehr kurzer Dauer, aber solange sie währte, war sie sehr intensiv.

Als die Zeit herankam, wo die Küchenprozession sich hätte formieren sollen, bat ich, mich zu entschuldigen. Ich sagte, mir sei nicht wohl. (Im Jahre 1939 war ich von meinen Lügen viel überzeugter als von meinen Wahrheiten – und so war ich fest davon überzeugt, daß M. Yoshoto mich mißtrauisch anblickte, als ich sagte, mir sei nicht wohl.) Ich ging in mein Zimmer und setzte mich auf eins der Kissen. Da saß ich mindestens eine Stunde lang, starrte auf einen Schlitz im Fensterladen, durch den das Tageslicht hereinfiel, ich rauchte nicht, zog meinen Rock nicht aus, lockerte nicht einmal meinen Schlips. Dann stand ich ganz plötzlich auf, nahm einen Stoß meines eigenen Schreibpapiers und schrieb auf dem Fußboden liegend einen zweiten Brief an Schwester Irma.

Ich habe den Brief nie abgeschickt: die folgende Kopie ist eine genaue Wiedergabe des Originals.

Montreal, Kanada, den 28. Juni 1939

Liebe Schwester Irma,
habe ich vielleicht in meinem ersten Brief etwas Anstößiges oder Unehrerbietiges geschrieben, das Pater Zimmermanns Mißtrauen erregte und Sie in Ungelegenheiten brachte? Falls es so ist, bitte ich Sie, mir doch wenigstens Gelegenheit zu geben, es zurückzunehmen, was immer es auch gewesen sein mag, das ich ohne böse Absicht in meinem Wunsch, daß wir als Lehrer und Schüler Freunde würden, schrieb. Ich glaube nicht, daß das zuviel verlangt ist.

Folgendes ist die reine Wahrheit: Wenn Sie nicht noch einige Grundkenntnisse unseres Berufes hinzuerwerben, werden Sie für den Rest Ihres Lebens zwar eine sehr interessante, aber nie eine große Künstlerin sein. Das finde ich schrecklich. Ist Ihnen der Ernst der Lage klar?

Hat Pater Zimmermann Sie vielleicht veranlaßt, den Unterricht aufzugeben, weil er fürchtet, Sie würden als Nonne in Konflikte geraten? Wenn es so ist, so muß ich sagen, daß er in vieler Hinsicht sehr voreilig gehandelt hat. Ich glaube nicht, daß Sie als Nonne in Konflikte geraten würden. Ich selber lebe wie ein ungläubiger Mönch. Das Schlimmste, das Ihnen geschehen könnte, wenn Sie als Künstlerin lebten, wäre, daß Sie sich immer ein wenig unglücklich fühlen würden. Und das finde ich nicht so tragisch. Der glücklichste Tag meines Lebens liegt schon viele Jahre zurück. Ich war damals siebzehn und sollte mit meiner Mutter, die zum erstenmal nach einer langen Krankheit ausging, zu Mittag essen. Ich befand mich in einem Zustand rauschhaften Glücks, als ich plötzlich beim Einbiegen in die Avenue Victor Hugo – das ist eine Straße in Paris – mit einem Kerl zusammenstieß, der überhaupt keine Nase hatte. Ich bitte Sie, ich bitte Sie flehentlich, doch über diesen Vorfall einmal nach-zudenken, denn er ist voll symbolischer Bedeutung.

Vielleicht auch hat Pater Zimmermann Sie veranlaßt, den Kursus aufzugeben, weil Ihrem Kloster die Mittel fehlen, den Unterricht zu be-zahlen. Ich hoffe von Herzen, daß dies der Fall ist, nicht nur, weil es mich seelisch erleichtern würde, sondern auch aus praktischen Gründen. Wenn es also so ist, so brauchen Sie nur ein Wort zu sagen, und ich biete Ihnen meine Dienste kostenlos und für unbeschränkte Zeit an. Könnten wir über diesen Punkt nicht einmal mündlich sprechen? Darf ich noch einmal nach den Besuchsstunden im Kloster fragen? Vielleicht darf ich mir erlauben, Ihnen einen Termin vorzuschlagen, und zwar Samstag, den 6. Juli, nachmittags zwischen drei und fünf Uhr; eine genauere Zeit kann ich nicht angeben, da ich nicht weiß, wie die Züge zwischen Mont-real und Toronto verkehren. Ich sehe Ihrer Antwort mit großer Erwar-tung entgegen. In ehrerbietiger Bewunderung Ihr aufrichtig ergebener

> (gez.) Jean de Daumier-Smith
> Mitglied des Lehrkörpers von
> Les Amis des Vieux Maîtres

P.S.

In meinem ersten Brief fragte ich Sie unter anderem, ob die junge Da-me in Blau, die man im Vordergrund Ihres religiösen Gemäldes sieht, die Sünderin Maria Magdalena ist. Falls Sie meinen Brief noch nicht be-antwortet haben, so tun Sie es bitte auch nicht mehr. Es kann sein, daß ich mich geirrt habe, und in der gegenwärtigen Krise meines Lebens möchte ich mich nicht freiwillig einer Enttäuschung aussetzen. Ich bin bereit, im Dunkel zu verharren.

Noch heute, obwohl es schon so lange her ist, kriege ich Zahnschmer-zen, wenn ich daran denke, daß ich einen Smoking nach *Les Amis* mit-genommen hatte. Aber ich hatte ihn wirklich mitgenommen; jetzt, nachdem ich meinen Brief an Schwester Irma beendet hatte, zog ich ihn an. Es schien unvermeidlich, daß ich mich betrinken würde, und weil ich noch nie im Leben betrunken gewesen war (aus Angst, daß unmäßiges Trinken die Hände, die die Bilder gemalt, die die drei ersten Preise bekommen hatten, zum Zittern bringen würde etc.), fühlte ich mich verpflichtet, mich der tragischen Situation entsprechend zu kleiden. Noch während die Yoshotos in der Küche saßen, stahl ich mich die Treppe hinunter und rief das Windsor-Hotel an, das Mrs. X., Bobbys Freundin, mir empfohlen hatte, bevor ich New York verließ. Ich ließ mir für acht Uhr einen Tisch für eine Person reservieren.

Gegen halb acht steckte ich, schon geschniegelt und gestriegelt, den Kopf aus der Tür, um mich zu vergewissern, ob einer der Yoshotos auf der Lauer lag. Irgendwie wollte ich nicht, daß sie mich in meinem Smoking sahen. Die Luft war rein, und ich rannte auf die Straße und sah mich nach einem Taxi um. Ich hatte den Brief an Schwester Irma in der Brusttasche meines Smokings und wollte ihn während des Abendessens noch einmal lesen, möglichst bei Kerzenlicht.

Ich ging Straße um Straße, ohne auch nur einem Taxi zu begegnen, geschweige denn eins zu bekommen. Es war ein mühsamer Weg. Der Montrealer Stadtteil Verdun war kein Viertel für Abendkleidung, und so war ich überzeugt, daß jeder Passant mir einen kurzen, mißtrauisch-prüfenden Blick zuwarf. Als ich schließlich zu der Imbißstube kam, wo ich am Montag die vier heißen Würstchen gegessen hatte, beschloß ich, die Tischreservierung im Windsor-Hotel schwimmenzulassen. Ich ging in die Imbißstube setzte mich in die hinterste Nische, und als ich Suppe, belegte Brötchen und schwarzen Kaffee bestellte, verdeckte ich meine Smokingkrawatte mit der linken Hand. Ich hoffte, die anderen Gäste würden mich für einen Kellner halten, der sich auf dem Weg zur Arbeit stärkte.

Als ich die zweite Tasse Kaffee trank, zog ich den Brief an Schwester Irma aus der Tasche und las ihn noch einmal durch. Er kam mir im ganzen etwas dünn vor, und ich beschloß, rasch nach *Les Amis* zurückzukehren und dem Brief etwas mehr Farbe zu geben. Ich überdachte auch noch einmal den Plan, Schwester Irma zu besuchen, und überlegte, ob es nicht besser sei, noch an diesem Abend eine Platzkarte für den Zug zu bestellen. Diese beiden Pläne im Kopf (von denen keiner mir die Erleichterung verschaffte, die ich so dringend brauchte), verließ ich die Imbißstube und ging schnell nach *Les Amis* zurück.

Fünfzehn Minuten später ereignete sich etwas Außergewöhnliches und Unerwartetes; ich bin mir klar darüber, daß diese Feststellung auf unerfreuliche Weise nach «erfunden» klingt, aber genau das Gegenteil ist wahr; damit berühre ich ein ungewöhnliches Erlebnis, von dem ich immer noch überzeugt bin, daß es übernatürlich war, aber ich möchte, wenn eben möglich, den Eindruck vermeiden, als hielte ich dieses Erlebnis für einen Fall oder auch nur einen Grenzfall echter Mystik (sich anders zu verhalten würde, glaube ich, besagen oder einer Behauptung gleichkommen, daß der Unterschied zwischen den übernatürlichen «sorties» des heiligen Franz und denen des durchschnittlichen, überspannten Sonntags-Aussätzigen-Küssers sei nur ein Gradunterschied).

Als ich gegen neun Uhr im Dämmerlicht quer über die Straße auf das Schulgebäude zuging, brannte Licht im Schaufenster der orthopädischen Werkstatt. Ich war sehr überrascht, im Schaufenster ein lebendiges Wesen zu sehen, ein dralles Mädchen von ungefähr Dreißig in einem gemusterten Kleid in grünen, gelben und lila Tönen. Sie wechselte gerade das Bruchband der hölzernen Schaufensterpuppe aus, und als ich vor dem Fenster stand, hatte sie offensichtlich das alte Band eben abgenommen, denn sie hielt es unter ihrem linken Arm (sie wandte mir ihr «Rechtsprofil» zu), und schnürte gerade das neue Bruchband fest. Ich stand da und sah ihr fasziniert zu, bis sie plötzlich spürte und dann sah, daß sie beobachtet wurde. Ich setzte schnell ein Lächeln auf – um ihr zu zeigen, daß es keine feindliche Gestalt war, die da im Abendanzug im Dämmern auf der anderen Seite der Schaufensterscheibe stand – aber es half nicht. Die Verwirrung des Mädchens übertraf jedes normale Maß. Sie errötete, sie ließ das Bruchband fallen, sie wich zurück, trat dabei in einen Stapel von Irrigatoren und glitt aus. Ich streckte unwillkürlich die Hände aus, um ihr zu helfen und schlug mit meinen Fingerspitzen gegen die Scheibe. Sie schlug, wie ein ausgerutschter Schlittschuhläufer, schwer mit dem Hinterteil auf und erhob sich sofort wieder, ohne mich anzusehen. Immer noch rot im Gesicht, schob sie mit der Hand ihr Haar zurück und fing wieder an, das Bruchband festzuschnüren. In diesem Augenblick hatte ich mein Erlebnis. Plötzlich (und ich sage das mit aller gebotenen Zurückhaltung) trat die Sonne hervor und traf meinen Nasenrücken mit einer Geschwindigkeit von 93 Millionen Meilen in der Sekunde. Ich war geblendet und furchtbar erschrocken und mußte mich mit der Hand gegen die Schaufensterscheibe stützen, um nicht umzufallen. Das Ganze dauerte nur ein paar Sekunden, und als ich wieder sehen konnte, war das Mädchen aus dem Fenster verschwunden und hatte ein Beet voll kostbarer, doppelt gesegneter Emailleblumen hinterlassen. Ich trat von dem Fenster zurück und ging zweimal um den Block, bis meine Knie aufgehört hatten zu zittern. Dann ging ich, ohne noch einen Blick in das Schaufenster zu wagen, in mein Zimmer hinauf und legte mich aufs Bett. Einige Minuten oder auch Stunden später machte ich auf französisch folgende kurze Eintragung in mein Tagebuch: «Hiermit gebe ich Schwester Irma die Freiheit zurück, ihrer eigenen Bestimmung zu folgen. Wir sind alle Nonnen.» *(Tout le monde est une nonne.)*

Bevor ich endgültig zu Bett ging, schrieb ich meinen vier eben hinausgeworfenen Schülern Briefe, mit denen ich sie wieder zurückrief. Ich schrieb, der Verwaltungsabteilung sei ein Fehler unterlaufen. Die Briefe schrieben sich wie von selbst, und vielleicht hing das mit der Tatsache zusammen, daß ich, bevor ich mich zum Schreiben hinsetzte, von unten einen Stuhl heraufgeholt hatte.

Es klingt vielleicht übertrieben, wenn ich noch erwähne, daß *Les Amis des Vieux Maîtres* eine Woche später ihre Pforten schloß, weil die Schule keine gültige Lizenz hatte (sie hatte in Wirklichkeit überhaupt keine Lizenz). Ich packte meine Sachen, fuhr zu meinem Stiefvater nach Rhode Island und verbrachte die nächsten sechs oder acht Wochen bis zum Wiederbeginn des Unterrichts an der Kunstschule damit, das Interessanteste aller im Sommer zum Leben erwachenden Tierchen zu studieren: *Die junge Amerikanerin in Shorts.*

Ob ich nun recht oder unrecht daran tat, mit Schwester Irma habe ich nie wieder Verbindung aufgenommen.

Aber gelegentlich höre ich noch von Bambi Kramer. Zuletzt hörte ich, daß sie dazu übergegangen ist, ihre eigenen Weihnachtskarten zu entwerfen. Die müssen sehenswert sein, wenn Bambi nicht ihren Stil geändert hat.

Teddy

«Du bekommst gleich ‹köstliches Wetter›, mein Jungchen, wenn du nicht in dieser Minute vom Koffer runtersteigst! Ich mein's im Ernst!» rief Mr. McArdle. Er sprach von seinem Bett aus, das auf der Innenseite der Kabine stand, also weiter weg vom Bullauge. Gehässig, aber eher wimmernd als seufzend, stieß er mit dem Fuß sein Oberleintuch fort, als sei jede Art Decke plötzlich mehr, als sein leidender Körper – er hatte Sonnenbrand – ertragen konnte. Er lag auf dem Rücken und hatte nur seine Pyjamahose an; in der rechten Hand hielt er eine brennende Zigarette. Den Kopf hatte er nur eben so hoch gestützt, daß er in unbequemer, beinahe selbstquälerischer Stellung gegen das Holz des Kopfteils stieß. Sein Kissen und der Aschenbecher befanden sich beide auf dem Fußboden zwischen seinem und Mrs. McArdles Bett.

Ohne den Oberkörper zu heben, streckte er den nackten, hochrot entzündeten rechten Arm aus und schnippte die Asche irgenwie dorthin, wo der Nachttisch stand. «Oktober, um Gottes willen!» sagte er. «Wenn das hier Oktoberwetter ist, dann möchte ich mal den August erleben!» Er drehte den Kopf wieder nach rechts, wo Teddy war, um ihn aufs Korn zu nehmen. «Los», rief er. «Was bildest du dir ein, weshalb ich hier rede? Zum Vergnügen vielleicht? Geh da runter, los!»

Teddy stand auf dem Deckel eines neuen Rindslederkoffers, um besser durch das offene Bullauge der Kabine seiner Eltern schauen zu können. Er trug überaus schmutzige weiße Turnschuhe ohne Söckchen, kurze Sommerhosen, die ihm zu lang und mindestens eine Nummer zu groß im Sitz waren, ein ganz verwaschenes Trikothemd, das auf der Schulter ein Loch von der Größe eines Zehners hatte, und einen gar nicht dazu passenden, weil ungewöhnlich hübschen schwarzen Krokodilledergürtel. Er hatte es dringend nötig, sich die Haare schneiden zu lassen, besonders im Genick: so nötig, wie es sich nur bei einem kleinen Jungen mit fast voll ausgewachsenem Kopf und schilfrohrschlankem Hals ergeben kann.

«*Teddy!* Hörst du mich?»

Teddy lehnte sich nicht ganz so weit oder so beängstigend unsicher aus dem Bullauge, wie es kleine Jungen sonst gerne tun: seine Füße standen sogar alle beide fest auf dem Gladstone-Koffer, aber er war auch nicht ausgesprochen im Gleichgewicht. Sein Gesicht steckte beträchtlich mehr draußen als innerhalb der Kabine. Immerhin konnte er seines

Vaters Stimme doch sehr gut vernehmen, das heißt, ganz eindeutig seines Vaters *Stimme*. Mr. McArdle spielte, wenn er in New York war, in nicht weniger als drei Radioprogrammen führende Rollen, und er hatte eine Stimme, die man als Sprechstimme eines Hauptdarstellers dritter Güte bezeichnen konnte: selbstbewußt tief und volltönend, stets bereit, jeden anderen im Zimmer männlich zu überschreien – wenn nötig, sogar einen kleinen Jungen. Wenn die Stimme ferienhalber von beruflichen Pflichten entbunden war, bevorzugte sie meistens entweder bloße Lautstärke oder eine Art theatralischer Ruhe und Gelassenheit. Augenblicklich war Lautstärke angebracht.

«*Teddy!* Gottverdammich! Kannst du nicht *hören?*»

Teddy drehte sich nur mit dem Oberkörper herum, ohne die ausgeklügelte Stellung seiner Füße auf dem Koffer zu verändern, und warf seinem Vater einen fragenden Blick voller Unschuld und Reinheit zu. Seine Augen, die von hellbrauner Farbe und durchaus nicht etwa groß waren, blickten etwas schielend: das linke Auge mehr als das rechte. Sie schielten nicht so stark, daß es entstellend wirkte oder auch unbedingt gleich auf den ersten Blick auffallen mußte. Sie waren gerade soviel verworfen, um es eben zu erwähnen, und zwar nur im Zusammenhang mit der Tatsache, daß man lange und ernstlich hätte nachdenken müssen, bevor man sie sich gerader oder tiefer oder dunkler oder weiter auseinanderliegend gewünscht hätte. Sein Gesicht, so wie es war, trug den Stempel wirklicher Schönheit, mochte sie auch noch so indirekt und allmählich an den Tag treten.

«Ich wünsche, daß du jetzt vom Koffer heruntergehst! Wie oft soll ich's noch wiederholen?» sagte Mr. McArdle.

«Bleib ruhig, wo du bist, Liebling», sagte Mrs. McArdle, die offenbar so früh am Morgen noch eine verstopfte Nase hatte. Die Augen hatte sie geöffnet, aber nur ein ganz klein wenig. «Rühre dich keinen Zollbreit von der Stelle!» Sie lag auf der rechten Seite; ihr in den Kissen ruhendes Gesicht blickte zu Teddy und dem Bullauge, während ihr Rükken ihrem Mann zugekehrt war. Das Oberleintuch straffte sich fest um den sehr wahrscheinlich nackten Körper und hüllte sie mitsamt den Armen und allem übrigen bis zum Kinn hinauf ein. «Spring tüchtig darauf herum!» sagte sie und schloß die Augen. «Zertrample Pappis Koffer!»

«Ist ja himmeltraurig, so was zu sagen», erzählte Mr. McArdles gleichmäßig-gelassene Stimme dem Hinterkopf seiner Frau. «Ich bezahlte 22 Pfund für einen Koffer und bitte den Jungen höflich, sich nicht draufzustellen, und du forderst ihn auf, drauf herumzuspringen! Was soll das sein? Witzig?»

«Wenn der Koffer keinen zehnjährigen Jungen aushalten kann, der für sein Alter dreizehn Pfund zu wenig wiegt, dann will ich ihn nicht in meiner Kabine haben», sagte Mrs. McArdle, ohne die Augen zu öffnen.

«Weißt du, was ich gern tun möchte?» fragte Mr. McArdle. «Ich möchte dir deinen verdammten Schädel einschlagen!»

«Warum tust du's nicht?»

Mr. McArdle stützte sich unvermittelt auf den einen Ellbogen und drückte seinen Zigarettenstummel auf der Glasplatte des Nachttischchens aus. «Eines schönen Tages . . .» begann er grimmig.

« . . . eines schönen Tages stirbst du an einem tragischen, ach so tragischen Herzschlag», sagte Mrs. McArdle mit einem Minimum an Kraftaufwand. Ohne die Arme aus dem Leintuch hervorzuholen, stopfte sie es fester um und unter ihren Körper. «Dann folgt eine geschmackvolle Beisetzung, und jeder fragt, wer die hübsche Frau im roten Kostüm ist, die in der ersten Reihe sitzt und mit dem Organisten flirtet und eine tolle . . .»

«Du bist so verdammt witzig, daß es schon nicht mehr schön ist», bemerkte Mr. McArdle, der wieder bewegungslos auf dem Rücken lag.

Während des kurzen Zwischenspiels hatte Teddy sich umgedreht und blickte nun wieder aus dem Bullauge. «Wir passieren die *Queen Mary* heute früh um drei Uhr zweiunddreißig bei entgegengesetztem Kurs, falls es jemand interessiert», sagte er langsam. «Was ich bezweifle.» Seine Stimme war von eigentümlich rauher Schönheit, wie es bei manchen kleinen Jungen der Fall ist. Jede seiner Behauptungen glich eigentlich einem kleinen Eiland aus alter Zeit, das von einem Whisky-Meer überflutet wurde. «Der Deck-Steward, den Booper nicht ausstehen kann, hat es aufs Schwarze Brett geschrieben.»

«Du bekommst gleich deine *Queen Mary*, mein Jungchen, wenn du nicht in dieser Minute vom Koffer runtersteigst», sagte sein Vater. «Geh jetzt *runter*! Geh und laß dir die Haare schneiden oder tu sonstwas!» Er blickte wieder auf den Hinterkopf seiner Frau. «Wie frühreif er aussieht, mein Gott noch mal!»

«Ich hab kein Geld», sagte Teddy. Er verankerte die Hände fester auf dem Sims des Fensterchens und stützte sein Kinn auf die Fingerrücken. «Mutter? Du kennst doch den Mann, der gleich neben uns im Speisesaal sitzt? Nicht den ganz mageren – den anderen am gleichen Tisch! Gleich neben der Kommode, wo unser Steward immer sein Tablett absetzt.»

«M-mm», machte Mrs. McArdle. «Teddy. Liebling. Laß Mutter nur noch fünf Minuten schlafen, sei so lieb!»

«Warte eine Sekunde! Es ist interessant», sagte Teddy, ohne das Kinn von seinem Stützpunkt zu heben oder die Augen vom Meer abzuwenden. «Er war vor einem Weilchen im Turnsaal, als Sven mich wiegen wollte. Er kam auf mich zu und fing an, sich mit mir zu unterhalten. Er hat die letzte Bandaufnahme gehört, die ich gemacht habe. Nicht die im April. Die im Mai. Er war in Boston auf einer Gesellschaft, kurz bevor er nach Europa reiste, und jemand von der Gesellschaft kannte jemanden aus der Leidekker-Prüfungsgruppe — wen, hat er nicht gesagt —, und sie haben sich die letzte Bandaufnahme geliehen, die ich gemacht habe, und spielten sie auf der Gesellschaft. Er scheint sich dafür zu interessieren. Er ist ein Freund von Professor Babcock. Anscheinend ist er auch Lehrer. Er hat gesagt, er sei den ganzen Sommer am Trinity College in Dublin gewesen.»

«So?» sagte Mrs. McArdle. «Bei einer Gesellschaft haben sie es gespielt?» Sie lag da und starrte schläfrig auf Teddys Waden.

«Es scheint so», erwiderte Teddy. «Er hat Sven eine ganze Menge über mich erzählt, während ich danebenstand. Es war ziemlich peinlich.»

«Weshalb sollte es peinlich sein?»

Teddy zauderte. «Ich sagte ‹ziemlich peinlich›. Ich habe es eingeschränkt.»

«Ich werde dich auch gleich mal einschränken, Jungchen, wenn du nicht zum Teufel noch mal endlich vom Koffer runtersteigst!» sagte Mr. McArdle. Er hatte sich gerade eine neue Zigarette angezündet. «Ich zähle bis drei. Eins, verdammt noch mal . . . zwei . . .»

«Wieviel Uhr ist es?» erkundigte sich Mrs. McArdle plötzlich bei Teddys Waden. «Ihr habt doch um halb elf eine Schwimmstunde, du und Booper?»

«Wir haben noch Zeit», antwortete Teddy. Plumps! Unvermittelt steckte er den ganzen Kopf durchs Bullauge, ließ ihn ein paar Sekunden draußen und zog ihn dann so lange zurück, um zu berichten: «Jemand hat gerade einen ganzen Mülleimer mit Orangenschalen aus dem Fenster geschüttet.»

«Aus dem Fenster? Aus dem Fenster?» sagte Mr. McArdle höhnisch und schnippte die Asche weg. «Aus dem Bullauge, Jungchen, aus dem Bullauge!» Er blickte auf seine Frau. «Ruf in Boston an, rasch! Verlange die Leidekker-Prüfungsgruppe am Telefon!»

«Oh, was für ein glänzender Witzbold du bist!» sagte Mrs. McArdle. «Warum versuchst du's nur immer wieder?»

Teddy zog den Kopf ziemlich weit in die Kabine hinein. «Sie schwimmen sehr nett», sagte er, ohne sich umzudrehen. «Das ist interessant.»

«Teddy! Zum letztenmal: ich zähle bis drei, und dann . . .»

«Ich meine nicht, es sei interessant, daß sie schwimmen», fuhr Teddy fort. «Es ist interessant, daß ich weiß, sie sind da. Wenn ich sie nicht gesehen hätte, würde ich nicht gewußt haben, daß sie dort sind, und wenn ich nicht gewußt hätte, daß sie dort sind, dann könnte ich nicht behaupten, daß sie existieren. Ein sehr nettes und einwandfreies Beispiel für . . .»

«Teddy», unterbrach ihn Mrs. McArdle, ohne sich merklich unter ihrem Oberleintuch zu rühren. «Geh und such mir Booper! Wo ist sie? Ich möcht nicht, daß sie heute wieder in der Sonne herumläuft – bei dem Sonnenbrand, den sie hat!»

«Sie ist hinreichend bedeckt! Ich habe sie veranlaßt, sich ihre lange Spielhose anzuziehen», erklärte Teddy.

«Manche gehen jetzt unter. In ein paar Minuten wird die einzige Stelle, wo sie noch schwimmen, innerhalb meines Denkens sein. Das ist ganz interessant», sagte er, «denn wenn man es recht bedenkt, schwammen sie dort auch zuerst. Wenn ich überhaupt nicht hier gestanden hätte oder wenn jemand vorbeigekommen wäre und mir irgendwie den Kopf abgehackt hätte, während ich . .»

«Wo ist sie jetzt?» fragte Mrs. McArdle. «Teddy, schau mal einen Augenblick zu Mutter her!»

Teddy drehte sich um und blickte seine Mutter an. «Was?» fragte er.

«Wo ist Booper jetzt? Ich möchte nicht, daß sie überall zwischen den Liegestühlen herumstrolcht und die Leute belästigt. Wenn der greuliche Mann . . .»

«Sie ist ganz brav. Ich habe ihr die Kamera gegeben!» erwiderte Teddy.

Mr. McArdle stützte sich schwankend auf einen Arm. «Du hast ihr die *Kamera* gegeben?» fragte er. «Was ist das für eine blöde Idee? Meine Leica, verdammt noch mal! Ich dulde es nicht, daß ein sechsjähriges Kind sich überall mit meiner Kamera herumtreibt . . .»

«Ich hab ihr gezeigt, wie man sie halten muß, damit sie nicht hinfällt», entgegnete Teddy . «Und den Film hab ich natürlich herausgenommen.»

«Ich will die Kamera haben, Teddy! Hörst du mich? Ich wünsche, daß du in dieser Minute vom Koffer heruntersteigst, und die Kamera will ich *in fünf Minuten* hier in der Kabine haben – oder ein kleines Wunderkind kommt auf die Vermißtenliste. Ist das klar?»

Teddy schwenkte die Füße auf dem Koffer herum und stieg herunter. Er bückte sich und band den Schuhriemen seines linken Tennisschuhs fester, während sein Vater, der sich noch immer auf den Ellbogen stützte, ihn wie ein Aufpasser beobachtete.

«Sag Booper, sie soll herkommen!» rief Mrs. McArdle.

«Und gib Mutter einen Kuß!»

Als Teddy seinen Schuhriemen festgebunden hatte, gab er seiner Mutter einen flüchtigen Kuß auf die Wange. Sie zog ihren linken Arm unter dem Oberleintuch hervor, als wollte sie Teddy umarmen, aber bis sie ihn hervorgeholt hatte, war Teddy schon weiter. Er kam ums Fußende herum und trat in den kleinen Gang zwischen den beiden Betten. Er bückte sich, und als er sich wieder aufrichtete, hatte er seines Vaters Kopfkissen unter dem linken Arm und den gläsernen Aschenbecher, der auf dem Nachttisch gehörte, in der rechten Hand. Er nahm ihn in die Linke, trat zum Nachttisch und wischte mit dem Ballen seiner Rechten die Zigarettenstummel seines Vaters mitsamt der Asche in den Aschenbecher. Dann, ehe er den Aschenbecher dort hinstellte, wo er hingehörte, benutzte er die Unterseite seines Unterarms dazu, um den restlichen Aschenschleier von der Glasplatte des Nachttisches herunterzuwischen. Er putzte sich den Unterarm an seiner Sommerhose ab. Dann stellte er den Aschenbecher auf die Glasplatte, aber mit allergrößter Sorgfalt und als glaube er, ein Aschenbecher müsse haargenau in der Mitte eines Nachttisches stehen – oder sonst überhaupt nicht. Nun gab sein Vater, der ihn bis dahin beobachtet hatte, es plötzlich auf, ihm noch länger zuzuschauen. «Möchtest du nicht dein Kissen haben?» fragte ihn Teddy.

«Ich möchte meine Kamera haben, junger Mann!»

«Du kannst es doch in der Stellung nicht sehr bequem haben! Ist ja unmöglich!» erklärte Teddy. «Ich lasse es hier.» Er stellte das Kissen ans Fußende des Bettes, nicht zu nah an die Füße seines Vaters. Dann wollte er aus der Kabine gehen.

«Teddy», rief seine Mutter, ohne sich umzudrehen, «sag Booper, ich möchte sie noch vor der Schwimmstunde sehen!»

«Warum läßt du die Kleine nicht in Ruhe?» fragte Mr. McArdle. «Du scheinst ihr nicht mal die paar schäbigen Minuten Freiheit zu gönnen. Weißt du, wie du sie behandelst? Ich will dir mal sagen, wie du sie behandelst! Du behandelst sie genauso, als ob sie 'n verflixter Verbrecher wär!»

«Verflixt? Haha, das ist reizend! Was du dir für eine Sprache zulegst, Schätzchen!»

Teddy zauderte noch einen Augenblick an der Tür, experimentierte nachdenklich mit dem Türknopf und drehte ihn langsam nach rechts und nach links. «Wenn ich aus der Tür gegangen bin», sagte er, «existiere ich vielleicht nur noch im Denken meiner Bekannten. Ich könnte auch eine Orangenschale sein.»

«Was sagst du, Liebling?» tönte Mrs. McArdles Stimme quer durch die Kabine. Sie lag noch immer auf der rechten Seite.

«Los, Jungchen, mach mal voran! Hol mal schleunigst die Leica her!»

«Komm, Liebling! Gib Mutter einen Kuß! Einen feinen langen, ja?»

«Jetzt nicht», sagte Teddy zerstreut. «Ich bin müde.»

Er machte die Tür hinter sich zu.

Draußen vor der Türschwelle lag die täglich erscheinende Schiffszeitung. Es war ein einziges Blatt glänzendes Papier und nur auf einer Seite bedruckt.

Teddy hob sie auf und begann sie zu lesen, während er gemächlich den langen Gang hinunter nach achtern schlenderte. Vom entgegengesetzten Ende kam ihm eine riesengroße blonde Frau in einer gestärkten weißen Uniform entgegen. Sie trug eine Vase mit langstieligen roten Rosen. Als sie an Teddy vorüberging, hob sie die linke Hand, fuhr im damit über den Kopf und sagte: «Jemand sollte sich die Haare schneiden lassen!» Teddy blickte teilnahmslos von seiner Zeitung auf, aber die Frau war schon vorüber. Er sah ihr nicht nach. Er las weiter.

Am Ende des Ganges, vor einem ungeheuren Wandbild über dem Treppenabsatz, das den heiligen Georg mit dem Drachen darstellte, faltete er die Schiffszeitung zu einem Viertel ihrer Größe zusammen und stopfte sie in seine Hosentasche. Dann stieg er die breiten, flachen, teppichbelegten Stufen zum Hauptdeck hinauf, einen Stock höher. Er nahm zwei Stufen auf einmal, aber langsam, hielt sich am Geländer fest und hängte seine ganze Körperlast daran, als ob das Erklettern einer Treppe an sich schon eine einigermaßen lustige Aufgabe für ihn sei – was tatsächlich viele Kinder finden. Oben auf dem Hauptdeck ging er sofort zur Theke des Zahlmeisters, wo augenblicklich gerade ein hübsches Mädchen in Uniform ihr Amt versah. Sie heftete Papierbogen zusammen, die vervielfältigt worden waren.

«Können Sie mir bitte sagen, wann heute das Spiel anfängt?» fragte Teddy.

«Verzeihung?»

«Können Sie mir sagen, wann das Spiel heute anfängt?»

Das Mädchen lachte ihn an, so daß sich ihr geschminkter Mund in die Breite zog. «Was für ein Spiel, Herzchen?» fragte sie ihn.

«Sie wissen doch – das Wörterspiel, das gestern und vorgestern gespielt wurde –, wo man die fehlenden Wörter ergänzen muß. Meistens muß man bloß alles in Zusammenhang bringen!»

Das Mädchen, das drei Bogen Papier genau in den Hefter schieben wollte, hielt damit inne. «Ach so», sagte sie. «Ich glaube erst am späte-

ren Nachmittag. Gegen vier Uhr vielleicht. Aber ist das nicht ein bißchen zu hoch für dich, mein Kleiner?»

«Nein. Danke!» sagte Teddy und wollte gehen.

«Wart einen Augenblick, Herzchen. Wie heißt du?»

«Theodore McArdle» erwiderte Teddy. «Und Sie?»

«Ich?» sagte das Mädchen und lächelte. «Ich bin Seekadett
Mathewson.»

Teddy sah ihr zu, wie sie den Hefter hinunterdrückte.

«Ich wußte, daß Sie Seekadett sind», sagte er. «Aber ich glaube (allerdings bin ich nicht ganz sicher), ich glaube, wenn man jemand fragt, wie
er heißt, müßte er eigentlich den vollen Namen nennen: Jane Mathewson oder Phyllis Mathewson oder wie es nun gerade der Fall ist!»

«Nein, wirklich?»

«Wie ich schon sagte, glaube ich es», erwiderte Teddy.

«Ich bin jedoch nicht ganz sicher. Vielleicht ist es anders, solange man
in Uniform ist. Jedenfalls besten Dank für die Auskunft! Guten Tag!»

Er drehte sich um und ging die Treppe zum Promenadendeck hinauf,
wieder zwei Stufen auf einmal nehmend, aber diesmal, als ob er es
schon eiliger hätte.

Nach einigem angespannten Umherschauen entdeckte er Booper
oben auf dem Sport-Deck. Sie saß an einer sonnigen Stelle – fast einer
Lichtung – zwischen zwei Tennisplätzen, die nicht in Benutzung waren.
Sie kauerte da, hatte die Sonne im Rücken und eine leichte Brise in ihrem seidigen blonden Haar. Sie war emsig damit beschäftigt, zwölf
oder vierzehn Shuffleboard-Scheiben zu zwei sich berührenden Säulen
aufzuschichten, die eine nur aus schwarzen, die andere nur aus roten
Scheiben. Ein sehr kleiner Junge in einer baumwollenen Sonnenhose
stand dicht daneben, rechts von ihr, aber nur als Zuschauer.

«Sieh mal!» befahl Booper ihrem Bruder, als er näher kam. Sie streckte beide Arme aus und schloß die zwei Shuffleboard-Säulen in die Arme, um ihr Kunstwerk zu zeigen und um es von allem übrigen an Deck
zu trennen.

«Myron», sagte sie feindselig und wandte sich an den kleinen Zuschauer, «du machst es ganz schattig, und mein Bruder kann's nicht sehen! Schieb mal deinen Korpus beiseite!» Sie schloß die Augen und wartete mit Leidensmiene, bis Myron beiseite getreten war.

Teddy stand über den beiden Stapeln aus Holzscheiben und blickte
wohlwollend auf sie herab.

«Sehr hübsch!» sagte er. «Sehr symmetrisch!»

«Der Junge da», sagte Booper und zeigte mit dem Finger auf Myron, «hat noch nie was von *Puffspiel* gehört! Sie *haben* überhaupt keins!»

Teddy warf einen kurzen, sachlichen Blick auf Myron.

«Hör mal», sagte er zu Booper, «wo ist die Kamera? Pappi will sie *sofort* haben!»

«Er wohnt gar nicht in New York», gab Booper weitere Auskunft. «Und sein Vater ist tot. Er ist in Korea gefallen.» Sie drehte sich zu Myron herum. «Stimmt doch?» fragte sie, aber ohne eine Antwort abzuwarten. «Und wenn seine Mutter stirbt, dann ist er 'n Waisenkind! Das hat er gar nicht gewußt.» Sie blickte Myron an. «Nicht wahr?»

Myron verschränkte stumm die Arme, ohne sich auf eine Antwort einzulassen.

«Du bist der dümmste Mensch, der mir je begegnet ist», sagte Booper zu Myron. «Du bist der dümmste Mensch hier auf dem Ozean. Hast du das schon gewußt?»

«Ist er gar nicht», sagte Teddy. «Nein, Myron, das bist du *nicht*!» Zu seiner Schwester gewandt, fuhr er fort: «Willst du mir einen Augenblick zuhören? Wo ist die Kamera? Ich muß sie haben! Wo hast du sie gelassen?»

«Da drüben», sagte Booper, ohne irgendeine Richtung anzugeben. Sie zog ihre beiden Stapel Holzscheiben näher an sich heran. «Jetzt brauche ich bloß noch zwei Riesen», sagte sie. «Die könnten mit meinen Scheiben Puff spielen, bis sie ganz müde sind, und dann könnten sie auf den Schornstein steigen und mit den Scheiben nach den Leuten werfen, bis alle tot sind.» Sie sah Myron an. «Sie könnten deine Eltern totmachen», sagte sie mit wissender Miene. «Und wenn sie davon noch nicht tot sind, weißt du, was du dann tun könntest? Du könntest Gift auf ein Praliné tun und ihnen das zu essen geben.»

Die Leica lag etwa drei Meter von der weißen Reling entfernt, die das Sport-Deck umgab. Sie lag auf der Seite, in der Abflußrinne, Teddy ging hin, hob sie am Lederriemen auf und hängte sie sich um den Hals. Dann nahm er sie sofort wieder ab. Er brachte sie Booper. «Booper, tu mir einen Gefallen! Bring *du* sie nach unten, bitte!» sagte er. «Es ist zehn Uhr. Ich muß in mein Tagebuch eintragen.»

«Ich hab keine Zeit!»

«Mutter wollte dich sowieso sehen!» sagte Teddy.

«Du bist 'n Lügner!»

«Ich bin kein Lügner», sagte Teddy. «Sie wollte dich wirklich sehen. Nimm die Kamera also bitte mit, wenn du nach unten gehst! Los, Booper!»

«Warum will sie mich denn sehen?» fragte Booper. «Ich will *sie* aber nicht sehen!» Plötzlich schlug sie Myron auf die Hand, als er gerade die oberste Scheibe vom roten Stapel herunternehmen wollte. «Pfoten weg!» sagte sie.

Teddy hängte ihr den Riemen, an dem die Leica befestigt war, um den Hals. «Ich mein's jetzt im Ernst! Bring sie sofort zu Pappi! Und später treff ich dich am Schwimmbecken», sagte er. «Ich treff dich um halb elf gleich am Schwimmbecken. Oder dort, wo man sich umziehen kann. Sei aber pünktlich! Es ist ganz unten auf dem E-Deck, denk dran und geh rechtzeitig los!» Er drehte sich um und ging.

«Ich kann dich nicht ausstehen! Ich kann keinen Menschen auf dem ganzen Ozean ausstehen!» rief ihm Booper nach.

Unter dem Sport-Deck, auf dem breiten Teil des Sonnendecks, waren etwa fünfundsiebzig Liegestühle oder noch mehr gänzlich ungeschützt in der Sonne aufgestellt und sieben oder acht Reihen tief angeordnet, mit Gängen dazwischen, die gerade weit genug waren, daß der Deck-Steward sie benutzen konnte, ohne über den Krimskrams der sich sonnenden Fahrgäste zu stolpern: über alle die Strickbeutel, die grellbunten Romane, die Flaschen mit Sonnenöl und die Kameras. Es war schon ziemlich überfüllt, als Teddy kam. Er begann an der hintersten Reihe, rückte methodisch von Reihe zu Reihe weiter, wobei er vor jedem Stuhl stehenblieb, ob er besetzt war oder nicht, und las das Namensschildchen auf der Lehne.

Nur einer oder zwei von den lang ausgestreckten Passagieren sprachen mit ihm, das heißt, sie äußerten einen von den üblichen banalen Scherzen, wie es Erwachsene oft an sich haben, wenn sie einen zielbewußten zehnjährigen Jungen sehen, der den ihm gehörenden Liegestuhl sucht. Daß er jung und zielbewußt war, schien offensichtlich genug, doch vielleicht fehlte seinem allgemeinen Verhalten (entweder gänzlich oder wenigstens zum größten Teil) jene gewisse Ehrpusseligkeit, die manche Erwachsenen leicht dazu verführt, Kindern ein paar Worte hinzuwerfen. Vielleicht hing es auch mit seiner Kleidung zusammen. Das Loch auf der Schulter seines Sporthemds war kein niedliches Loch, und daß seine Sommerhose zu lang war und im Hosenboden beutelte – auch das war nicht niedlich.

Die vier Deckstühle der McArdles standen, mit Polstern belegt, in der Mitte der zweiten Reihe von vorn zur Benutzung bereit. Teddy ließ sich in einem nieder, und zwar so – ob es nun von ihm beabsichtigt war oder nicht –, daß kein anderer rechts oder links von ihm saß. Er streckte die nackten, nicht von der Sonne verbrannten Beine mit geschlossenen Füßen auf der Fußstütze aus und zog fast gleichzeitig ein kleines Zehn-

Cent-Heft aus der rechten Hosentasche. Dann – als ob nur er und das Heft vorhanden seien und sonst weder Sonnenschein noch Passagiere noch Schiff – begann er sofort mit vollkommener Konzentration die Seiten umzuwenden.

Mit Ausnahme von sehr wenigen Bleistiftnotizen waren die Eintragungen in das Heft offenbar alle mit einem Kugelschreiber gemacht worden. Geschrieben war es in Blockschrift, wie sie letzthin an amerikanischen Schulen gelehrt wurde, anstatt in der alten Rundschrift. Die Schrift war leserlich, ohne affektiert hübsch zu sein. Das Auffallende an der Handschrift war, daß sie so flüssig wirkte. Auf keine Weise – wenigstens durch kein äußeres Merkmal – sahen die Worte und Sätze so aus, als wären sie von einem Kind geschrieben.

Teddy nahm sich auffallend viel Zeit für das, was die letzte Eintragung zu sein schien. Sie nahm etwa drei Seiten Platz in Anspruch.

Tagebuch vom 27. Oktober 1952. Eigentum von Theodore McArdle 412 A-Deck

Angemessene und schöne Belohnung, wenn der Finder es umgehend an Theodore McArdle zurückgibt.

Zusehen, ob du Pappis Militär-Kennmarke findest. Trag sie so oft wie möglich. Es schadet dir nichts, und ihm wird's Spaß machen.

Professor Mandells Brief beantworten, wenn du Gelegenheit und Geduld dazu hast. Bitte ihn, keine weiteren Gedichtbände zu schicken. Ich habe ohnehin für ein ganzes Jahr genug. Sie hängen mir ohnehin schon zum Hals heraus. Ein Mann geht am Strand entlang, und unglücklicherweise schlägt ihm eine Kokosnuß auf den Kopf. Unglücklicherweise zerspringt ihm der Schädel in zwei Hälften. Dann kommt eine Frau den Strand entlang und singt ein Lied, sieht die zwei Hälften und erkennt sie und weint herzzerbrechend. Das ist's gerade, weshalb ich Gedichte satt habe. Wenn doch die Dame die beiden Hälften bloß aufheben und ärgerlich hineinrufen würde: «Unterlaß das!» Jedoch nichts dergleichen in meinem Brief an ihn erwähnen. Es ist sehr heikel, und außerdem ist Mrs. Mandell eine Dichterin.

Beschaffe dir Svens Anschrift in Elizabeth, New Jersey. Es wäre sicher interessant, seine Frau kennenzulernen, auch seinen Hund Lindy. Aber ich selbst möchte lieber keinen Hund besitzen.

Schreibe Doktor Wokawara einen Kondolenzbrief wegen seiner *Nephritis*. Beschaffe dir von Mutter seine neue Anschrift.

Probiere morgen früh vor dem Frühstück das Sport-Deck aus, um dort zu meditieren, aber verliere nicht das Bewußtsein. Verliere auch nicht das Bewußtsein, wenn der Steward noch mal den großen Löffel hinfallen läßt. Pappi war richtig wütend.

Wörter und Ausdrücke, die du morgen in der Bibliothek nachschlagen mußt, wenn du die Bücher zurückbringst:

> nephritis
> myriad
> gift horse
> cunning
> triumvirate

Sei etwas netter zum Bibliothekar. Diskutiere über allgemeine Themen, falls er wieder kindisch wird.

Plötzlich zog Teddy einen kleinen, patronenförmigen Kugelschreiber aus der Seitentasche seiner Hose, machte die Kappe ab und begann zu schreiben. Statt der Armlehne benutzte er als Unterlage seinen rechten Oberschenkel.

Tagebuch vom 28. Oktober 1952. Gleiche Adresse und Belohnung wie eingetragen am 26. und 27. Oktober 1952.

Ich habe heute früh nach der Meditation Briefe an die folgenden Personen geschrieben:

> Dr. Wokawara
> Professor Mandell
> Professor Peet
> Burgess Hake, junior
> Roberta Hake
> Sanford Hake
> Oma Hake
> Mr. Graham
> Professor Walton

Ich hätte Mutter fragen können, wo Pappis Kennmarke ist, aber sie hätte wahrscheinlich nur gesagt, ich brauchte sie nicht zu tragen. Ich weiß, daß er sie bei sich hat, weil ich gesehen habe, wie er sie einpackte. Meiner Ansicht nach ist das Leben ein *gift horse**. Ich halte es für sehr geschmacklos von Professor Walton, daß er meine Eltern kritisiert. Er will die Menschen alle über einen Leisten schlagen.

Es wird entweder heute oder am 14. Februar 1958 geschehen, wenn ich sechzehn werde. Lächerlich, es auch nur zu erwähnen.

---

*gift horse geht auf das Sprichwort zurück: Einem *geschenkten Gaul* sieht man nicht ins Maul.

Nachdem Teddy diese letzte Eintragung gemacht hatte, fuhr er fort, seine ganze Aufmerksamkeit auf die Seite zu richten und den Kugelschreiber bereit zu halten, als ob noch etwas kommen müsse.

Offenbar hatte er nicht bemerkt, daß er einen einzelnen interessierten Zuschauer hatte. Von der ersten Liegestuhlreihe an etwa fünfzehn Fuß weiter vor und achtzehn bis zwanzig Fuß aufwärts ins blendende Licht hinein stand ein junger Mann, der ihn von der Reling des Sport-Decks aus beobachtete. So war es schon seit zehn Minuten gewesen, und jetzt wurde es ganz deutlich, daß der junge Mann einen Entschluß gefaßt hatte, denn plötzlich nahm er den Fuß von der Reling. Er blieb noch einen Augenblick stehen und schaute noch immer auf Teddy hinunter, dann ging er fort und entschwand den Blicken. Jedoch keine Minute darauf tauchte er belästigend groß und senkrecht zwischen den Deckstuhlreihen der Liegenden auf. Er war etwa dreißig oder jünger. Er begann sofort, sich zu Teddys Liegestuhl durchzuschlängeln, warf dabei störende Schatten auf die Romanseiten anderer Leute und schritt ziemlich ungezwungen (wenn man bedenkt, daß er weit und breit die einzige stehende, gehende Gestalt war!) über Strickbeutel und anderen Privatbesitz.

Teddy schien nicht zu merken, daß jemand am Fuß seines Liegestuhls stand und sogar einen Schatten auf sein Notizbuch warf. Ein paar Leute in der gleichen Reihe oder zwei Reihen dahinter ließen sich jedoch leichter ablenken. Sie blickten zu dem jungen Mann auf, wie vielleicht nur Leute in Deckstühlen zu jemand aufblicken können. Aber der junge Mann hatte eine gewisse Haltung, nach der es den Anschein hatte, als könne er noch ewig so dastehen – mit dem einzigen kleinen Vorbehalt, daß er wenigstens eine Hand in der Hosentasche behielt.

«Hallo!» rief er Teddy zu.

Teddy blickte auf. «Hallo», sagte er. Halb schloß er sein Heft, halb ließ er es von selbst zufallen.

«Geht's, daß ich mich eine Minute hinsetze?» fragte der junge Mann mit, wie es schien, unbegrenzter Herzlichkeit. «Gehört der ›Stuhl jemand?»

«Die vier Stühle hier gehören meiner Familie», erwiderte Teddy. «Aber – meine Eltern sind noch nicht aufgestanden.»

«Noch nicht aufgestanden? An einem solchen Tag?» rief der junge Mann. Er hatte sich schon in den Deckstuhl rechts von Teddy niedersinken lassen. Die Stühle waren so dicht nebeneinander aufgestellt, daß die Armlehnen sich berührten. «Das ist frevelhaft», sagte er, «wirklich frevelhaft!» Er streckte die Beine aus, die in den Oberschenkeln ungewöhnlich schwer waren, fast wie menschliche Rümpfe. Er trug sich nach der Universitäts-Mode der Oststaaten: oben kurzgeschorenes Haar, unten heruntergetretene Sportschuhe und dazwischen eine etwas zusammmgestückelte Uniform: lederfarbene Wollsocken, kohlegraue Hosen, ein Hemd mit festgeknöpften Kragenzipfeln, keine Krawatte und eine Fischgrätjacke, die aussah, als ob sie an einem der beliebteren Seminare von Yale, Harvard oder Princeton zu ehrwürdigem Alter herangereift war. «O Gott, was für ein herrlicher Tag», sagte er dankbar und blinzelte zur Sonne auf. «Ich bin so furchtbar abhängig vom Wetter.» Er schlug die schweren Beine an den Knöcheln übereinander. «Ja, ich bin tatsächlich dafür bekannt, daß ich einen vollkommen normalen Regentag als persönliche Beleidigung auffasse. So etwas wie heute ist richtig Manna für mich!» Obwohl seine Sprechstimme den üblichen Begriffen nach sehr manierlich war, klang sie doch bedeutend lauter als notwendig, als sei er mit sich selbst übereingekommen, daß alles, was er zu sagen hatte, ungefähr gleich großartig klänge – gescheit, gebildet, sogar unterhaltend und anregend –, entweder von Teddys vorgeschobener Stellung aus oder für die Leute in der Reihe dahinter, falls sie zuhörten. Er blickte schräg auf Teddy hinunter und lächelte. «Wie geht's dir mit dem Wetter?» fragte er. Sein Lächeln war nicht unfreundlich, doch war es eher salonhaft umgänglich und gewandt und bezog sich, wenn auch noch so mittelbar, stets auf sein eigenes Ego. «Kann dich das Wetter jemals ganz sinnlos aus der Fassung bringen?»

«Ich nehme es nicht zu persönlich – falls Sie das meinen?» antwortete Teddy.

Der junge Mann lachte und warf den Kopf in den Nacken. «Köstlich!» rief er. «Übrigens: ich heiße Bob Nicholson. Ich glaube, so weit waren wir im Turnsaal noch nicht gekommen. *Deinen* Namen kenne ich selbstverständlich.»

Teddy verlagerte sein Gewicht auf die eine Hüfte und verwahrte sein Notizbuch in der Seitentasche seiner kurzen Hose.

«Ich hab dich arbeiten sehn – von dort oben», bemerkte Nicholson im Plauderton. «Großer Gott! Du hast geschuftet wie ein kleiner Trojaner!»

Teddy blickte ihn an. «Ich habe etwas in mein Notizbuch geschrieben.»

Nicholson nickte lächelnd. «Wie war Europa?» fragte er gesprächig. «Hat's dir Spaß gemacht?»

«Doch, sehr, danke!»

«Wo wart ihr denn überall?»

Teddy beugte sich plötzlich vor und kratzte sich an der Wade. «Oh, es würde wohl zu lange dauern, alle Städte aufzuzählen, weil wir unseren Wagen mitgenommen hatten und ziemlich große Strecken zurücklegten.» Er lehnte sich wieder an. «Meine Mutter und ich waren jedoch vor allem in Edinburgh in Schottland und in Oxford in England. Ich glaube, ich erzählte Ihnen schon im Turnsaal, daß ich in beiden Städten Interviews hatte. Vor allem an der Universität Edinburgh.»

«Nein, das hast du noch nicht erzählt», sagte Nicholson. «Ich hab mich schon gefragt, ob du wohl dergleichen vorgehabt hast. Wie ist's denn gegangen? Haben sie dich in ein scharfes Verhör genommen?»

«Wie bitte?»

«Wie ging es? War es interessant?»

«Manchmal ja, manchmal nein», erwiderte Teddy. «Wir sind ein bißchen zu lange geblieben. Mein Vater wollte etwas früher nach New York zurück – nicht erst mit diesem Schiff. Aber es kamen Leute aus Stockholm in Schweden und aus Innsbruck in Österreich, um mich zu sehen, und da mußten wir eben warten.»

«So geht's *immer*!»

Teddy blickte ihn zum erstenmal richtig an. «Sind Sie ein Dichter?» fragte er.

«Ein Dichter?» wiederholte Nicholson. «Himmel, nein! Leider nicht. Warum fragst du?»

«Ich weiß nicht. Dichter nehmen das Wetter immer so persönlich. Immer stopfen sie ihre Gefühle in Dinge, die kein Gefühl haben.»

Nicholson lächelte, griff in seine Jackentasche und holte Zigaretten und Streichhölzer hervor. «Ich habe stets geglaubt, das sei ihr Handwerkszeug!» entgegnete er. «Sind es nicht gerade Gefühle, mit denen sich die Dichter in erster Linie befassen?»

Teddy hatte ihn anscheinend nicht gehört, oder er hörte nicht zu. Er blickte geistesabwesend auf die beiden Zwillingsschornsteine oben auf dem Sport-Deck – oder vielmehr über sie hinweg.

Nicholson gelang es, sich eine Zigarette anzuzünden, aber erst nach einiger Mühe, denn von Norden her wehte eine leichte Brise. Er lehnte sich zurück und sagte: «Wie ich hörte, hast du die Gruppe ziemlich in Unruhe versetzt?»

«Nichts im Ton der Zikade verrät, wie nah sie dem Tode», sagte Teddy plötzlich. «Und niemand geht des Weges hier, an diesem Abend im Herbste.»

«Was war das?» fragte Nicholson lächelnd. «Sag das noch mal!»

«Es sind zwei japanische Gedichte. Sie sind nicht mit Gefühlen überladen!» sagte Teddy. Unversehens schoß er hoch, legte den Kopf auf die rechte Schulter und schlug leicht auf sein rechtes Ohr. «Ich habe von meiner gestrigen Schwimmstunde noch etwas Wasser im Ohr», sagte er. Er schlug noch ein paarmal auf das Ohr, dann lehnte er sich wieder zurück und legte die Arme auf die beiden Armstützen. Natürlich war es ein normaler, für Erwachsene bestimmter Liegestuhl, und er sah ausgesprochen klein darin aus, doch gleichzeitig wirkte er vollkommen entspannt und fast gelassen heiter.

«Wie ich hörte, befand sich die Gruppe Pedanten in Boston oben in reichlicher Aufregung», sagte Nicholson und sah ihn an. «Nach der letzten kleinen Waffenrunde? Mehr oder weniger die ganze Leidekker-Prüfungskommission, wenn ich es richtig verstanden habe? Ich glaube, ich erzählte dir schon, daß ich im vorigen Juni ein ziemlich langes Gespräch hatte? Sogar am gleichen Abend, an dem ich hörte, wie deine Bandaufnahme vorgeführt wurde.»

«Ja, Sie erzählten es mir.»

«Soviel ich hörte, hat sich die ganze Gruppe ziemlich aufgeregt!» drängte Nicholson immer weiter. «Wie Al es mir schilderte, müßt ihr eines Abends spät eine recht lebensgefährliche kleine Männersitzung gehabt haben? Am gleichen Abend, als du die Bandaufnahme machtest, glaube ich?» Er zog an seiner Zigarette. «Nach allem, was ich hörte, hast du ein paar kleine Prophezeiungen ausgesprochen, bei denen die alten Herren in hellen Aufruhr gerieten. Stimmt das?»

«Ich wünschte, ich könnte begreifen, warum die Leute glauben, es sei so wichtig, gefühlvoll zu sein», sagte Teddy. «Mein Vater und meine Mutter halten einen erst dann für menschlich, wenn man vieles furchtbar traurig oder furchtbar ärgerlich oder furchtbar — ja irgendwie furchtbar ungerecht findet. Mein Vater kann in die größte Gemütsbewegung geraten — auch wenn er bloß die Zeitung liest. Er findet, ich sei nicht menschlich.»

Nicholson schnippte die Asche von seiner Zigarette ab. «Ich nehme an, daß du überhaupt keine Gefühle kennst?» fragte er.

Teddy überlegte, bevor er antwortete. «Wenn ich welche habe, so kann ich mich jedenfalls nicht erinnern, wann ich sie jemals aufkommen ließ», sagte er. «Ich begreife nicht, wozu sie nützen könnten.»

«Du liebst doch Gott, nicht wahr?» fragte Nicholson mit etwas übertriebener Ruhe. «Ist das nicht sozusagen deine Stärke? Nach allem, was ich von der Bandaufnahme-Vorführung hörte und was Al Babcock . . .»

«Ja, natürlich liebe ich IHN. Aber ich liebe IHN nicht gefühlsmäßig.

ER hat nie gesagt, man müsse ihn gefühlsmäßig lieben!» entgegnete Teddy. «Wenn *ich* Gott wäre, verlangte ich bestimmt nicht, daß mich die Leute gefühlsmäßig lieben. Das ist keine zuverlässige Liebe.»

«Du liebst doch deine Eltern, nicht wahr?»

«Ja, allerdings – sehr», sagte Teddy. «Aber Sie wollen mich das Wort so gebrauchen lassen, daß es die Bedeutung hat, die Sie ihm geben – das merke ich schon.»

«Also gut: in welchem Sinne willst *du* es denn gebrauchen?»

Teddy überlegte. «Wissen Sie, was das Wort ‹Affinität› bedeutet?» fragte er und kehrte sich Nicholson zu.

«Ich kann's mir so ungefähr vorstellen», erwiderte Nicholson trokken.

«Ich habe ihnen gegenüber eine sehr starke Affinität. Ich meine, sie sind meine Eltern, und wir bilden jeder einen Teil der Harmonie des andern und so weiter», sagte Teddy. «Ich möchte, daß sie sich gut unterhalten, solange sie leben, weil sie sich gerne gut unterhalten wollen. Aber auf die Art lieben sie Booper (das ist meine Schwester) und mich nicht. Ich meine, anscheinend können sie uns nicht so lieben, wie wir sind. Sie können uns anscheinend nur lieben, wenn sie uns dauernd ein bißchen ändern. Sie lieben die Gründe, weshalb sie uns lieben, beinahe ebensosehr, wie sie uns selbst lieben, und meistens sogar noch mehr. Das ist ihre Art zu lieben, und die ist nicht so gut.» Er wandte sich wieder an Nicholson und setzte sich ein wenig weiter vor.

«Haben Sie die genaue Zeit, bitte?» fragte er. «Ich habe um halb elf eine Schwimmstunde!»

«Dann hast du noch Zeit», sagte Nicholson, ohne vorher auf seine Armbanduhr zu blicken. «Es ist erst zehn Minuten nach zehn.»

«Danke», sagte Teddy und lehnte sich wieder an. «Dann können wir unsere Unterhaltung noch zehn Minuten länger genießen.»

Nicholson ließ ein Bein seitlich über den Liegestuhl herunterbaumeln, beugte sich vor und zertrat seinen Zigarettenstummel. «Wie mir scheint», sagte er und lehnte sich an, «hältst du dich ziemlich streng an die Vedanta-Theorie von der Wiedergeburt?»

«Es ist keine Theorie; es ist ebensosehr ein Teil . . .»

«Gut, gut», sagte Nicholson rasch. Er lächelte und hob sachte, und wie um ironisch den Segen zu erteilen, seine beiden Hände hoch. «Über den Punkt wollen wir nicht diskutieren, jedenfalls nicht jetzt. Laß mich erst mal aussprechen.» Er schlug wieder die schweren, ausgestreckten Beine übereinander. «Soweit ich unterrichtet bin, hast du also durch Meditation ein bestimmtes Wissen erlangt, das dich zu der Überzeugung brachte, du seiest bei deiner letzten Inkarnation ein Heiliger in Indien gewesen, seiest aber irgendwie in Sünde gefallen . . .»

«Ich war kein Heiliger», sagte Teddy. «Ich war einfach jemand, der sehr nette geistige Fortschritte machte.»

«Meinetwegen – einerlei, was es war!» sagte Nicholson. «Es geht vor allem darum, daß du glaubst, während deiner letzten Inkarnation seiest du vor der endgültigen Erleuchtung gewissermaßen in Sünde gefallen. Stimmt das, oder täusche ich . . .»

«Es stimmt», bestätigte Teddy. «Ich lernte eine Dame kennen, und irgendwie hörte ich mit den Meditationen auf.» Er nahm die Arme von den Seitenlehnen und stopfte die Hände, wie um sie warmzuhalten, unter die Oberschenkel. «Ich hätte auf *jeden Fall* einen anderen Körper annehmen und nochmals auf die Erde kommen müssen – ich meine, ich war geistig noch nicht so weit vorgeschritten, daß ich, wenn ich die Dame nicht kennengelernt hätte, nach meinem Tode schnurstracks zu Brahma hätte gehen können, ohne je wieder auf die Erde zurück zu müssen. Aber wenn ich die Dame *nicht* kennengelernt hätte, brauchte ich nicht in einem *amerikanischen* Leib wiedergeboren zu werden. Ich meine, es ist sehr schwer, in Amerika zu meditieren und ein geistiges Leben zu führen. Die Leute glauben, man sei eine Mißgeburt, wenn man's versuchen wollte. Mein Vater glaubt ohnehin, ich sei eine Art Mißgeburt. Und meine Mutter – ja, die glaubt eben nicht, daß es gut für mich ist, die ganze Zeit an Gott zu denken. Sie glaubt, es sei schlecht für meine Gesundheit.»

Nicholson sah in forschend an. «Ich glaube, bei deiner letzten Bandaufnahme sagtest du, daß du sechs Jahre alt gewesen wärst, als du dein erstes mystisches Erlebnis hattest. Stimmt das?»

«Ich war sechs Jahre alt, als ich erkannte, daß alles GOTT sei, und die Haare standen mir zu Berge, und so weiter», sagte Teddy. «Es war eines Sonntags, wie ich mich erinnere. Meine Schwester war damals ein ganz kleines Kind, und plötzlich erkannte ich, daß sie GOTT war und daß die *Milch* GOTT war. Ich meine, was sie tat, das war weiter nichts, als Gott in Gott einströmen zu lassen, wenn Sie verstehen, was ich damit sagen will.»

Nicholson sagte gar nichts.

«Aber aus der endlichen Dimension konnte ich mich, schon als ich vier war, ziemlich oft erheben», sagte Teddy, als sei es ihm nachträglich eingefallen. «Nicht dauernd hintereinander oder so, aber ziemlich oft.»

Nicholson nickte. «Aha», sagte er. «Das konntest du also?»

«Ja», sagte Teddy. «Es ist in der letzten Bandaufnahme . . . Oder vielleicht in der vom April. Ich bin nicht ganz sicher.»

Nicholson holte wieder seine Zigaretten hervor, aber ohne die Augen von Teddy abzuwenden. «Wie kann man sich aus der endlichen Dimension erheben?» fragte er und lachte kurz auf. «Ich meine, um mit den Anfangsgründen zu beginnen: ein Holzklotz ist zum Beispiel ein Holzklotz. Er hat Länge, Breite und . . .»

«Das hat er nicht! Da täuschen Sie sich eben!» sagte Teddy. «Jedermann *denkt*, daß die Dinge irgendwo zu Ende sind. Das sind sie aber nicht. Ich versuchte es auch Professor Peet zu erklären.» Er drehte sich etwas auf die Seite und zog ein Brechmittel von einem Taschentuch hervor – ein graues, klumpiges Etwas – und putzte sich damit die Nase. «Der Grund, warum die Dinge *scheinbar* irgendwo zu Ende sind, ist einfach der, daß die meisten Leute es nicht besser verstehen, die Dinge anzuschauen», sagte er. «Das bedeutet aber noch nicht, daß es auch so *ist*!» Er steckte sein Taschentuch wieder ein und blickte Nicholson an. «Würden Sie bitte eine Sekunde Ihren Arm hochhalten?» bat er.

«Meinen Arm? Warum?»

«Tun Sie's bitte! Nur eine Sekunde!»

Nicholson hob seinen Unterarm ein oder zwei Zoll über die Armlehne. «Diesen hier?» fragte er.

Teddy nickte. «Wie nennen Sie das?» fragte er.

«Was meinst du damit? Es ist doch mein Arm! Es ist ein *Arm*!»

«Woher wissen Sie das?» fragte Teddy. «Sie wissen, daß es Arm genannt wird, aber woher wissen Sie, ob es einer ist? Haben Sie Beweise dafür, daß es ein Arm ist?»

Nicholson nahm eine Zigarette aus dem Päckchen und zündete sie an. «Offengestanden: ich finde, das schmeckt nach der übelsten Sophisterei», sagte er und stieß den Zigarettenrauch aus. «Es ist ein Arm, um Gottes willen, weil's nun mal ein Arm ist. Erstens muß er einen Namen haben, damit man ihn von anderen Dingen unterscheiden kann. Man kann ihn doch nicht einfach . . .»

«Sie sind weiter nichts als logisch», sagte Teddy leidenschaftslos.

«Was bin ich?» fragte Nicholson mit ein wenig übersteigerter Höflichkeit.

«Logisch», erwiderte Teddy. «Sie haben mir weiter nichts als eine normale, intelligente Antwort gegeben!» sagte Teddy. «Ich wollte Ihnen helfen. Sie hatten mich gefragt, wie ich mich aus der endlichen Dimension erhebe, wenn mir danach zumute ist. Ganz bestimmt nicht mittels der Logik. Logik ist das allererste, das Sie verscheuchen müssen.»

Nicholson entfernte mit den Fingern ein Tabakkrümchen von seiner Zungenspitze.

«Kennen Sie Adam?» fragte ihn Teddy.

«Ob ich wen kenne?»

«Adam. Aus der Bibel.»

Nicholson lächelte. «Nicht persönlich», sagte er trocken.

Teddy zögerte. «Seien Sie mir nicht böse», sagte er. «Sie haben mir eine Frage gestellt, und ich . . .»

«Um Himmels willen, ich bin dir doch nicht *böse*!»

«Gut», sagte Teddy. Er hatte sich in seinen Liegestuhl zurückgelehnt, den Kopf aber hatte er Nicholson zugewandt. «Sie erinnern sich doch an den Apfel, den Adam im Garten Eden aß und von dem auch in der Bibel die Rede ist?» fragte er. «Wissen Sie, was in dem Apfel war? Die Logik. Logik und intellektueller Kram. Das war alles, und etwas anderes war nicht drin. Und deshalb – darum dreht sich's nämlich – müssen Sie sich leermachen, wenn Sie die Dinge so sehen wollen, wie sie wirklich sind. Ich meine, wenn Sie sich leermachen, dann haben Sie nicht mehr all die Mühe mit Holzklötzen und solchem Kram. Dann sehen Sie nicht mehr dauernd, daß alles irgendwo zu *Ende* ist. Und dann begreifen Sie auch, was Ihr Arm eigentlich ist, falls es Sie interessiert. Verstehen Sie, was ich meine? Können Sie mir folgen?»

«Ich folge dir», erwiderte Nicholson kurz angebunden. «Das Schlimme ist», fuhr Teddy fort, «daß die meisten Leute die Dinge gar nicht so sehen wollen, wie sie eigentlich sind. Sie wollen ja nicht mal aufhören, dauernd auf die Welt zu kommen und zu sterben. Dauernd wollen sie immer wieder einen neuen Körper haben, anstatt damit endlich aufzuhören und bei Gott zu bleiben, wo es wirklich fein ist.» Er sann nach. «Hab noch nie eine solche Menge Apfelesser beisammen gesehen!» sagte er. Er schüttelte den Kopf.

In diesem Augenblick erschien ein Deck-Steward in weißer Jacke, der zwischen den Reihen der Liegestühle entlangging und auch bei Teddy und Nicholson stehenblieb und sich erkundigte, ob sie eine Tasse Bouillon wünschten. Nicholson antwortete überhaupt nicht auf seine Frage. Teddy sagte: «Nein, danke», und der Deck-Steward ging weiter.

«Wenn du lieber nicht darüber sprechen möchtest, brauchst du's natürlich nicht», stieß Nicholson unvermittelt und ziemlich schroff hervor. Er schnippte die Asche von der Zigarette. «Aber es stimmt doch – oder etwa nicht? –, daß du die ganze Leidekker-Prüfungskommission, Walton, Peet, Larsen, Samuels und alle aus der Gruppe, darüber aufgeklärt hast, wann und wo und wie sie einmal sterben würden? Stimmt das oder stimmt es nicht? Du brauchst nicht darüber zu diskutieren, wenn du nicht möchtest, aber die Art, wie das Gerücht in Boston . . .»

«Nein, es stimmt *nicht*», sagte Teddy mit sehr viel Nachdruck. «Ich verriet ihnen Orte und Tage, an denen sie sehr, sehr vorsichtig sein sollten. Und ich erzählte ihnen manches, was zu *tun* sehr nützlich für sie wäre . . . Aber *solche* Sachen habe ich ihnen nie gesagt! Ich habe nicht gesagt, daß etwas unvermeidlich wäre!» Er holte wieder sein Taschentuch hervor und benutzte es. Nicholson sah ihm zu und wartete. «Und ich habe Professor Peet überhaupt nichts dergleichen gesagt. Erstens gehörte er nicht zu denen, die herumblödelten und mir einen Berg Fragen stellten. Ich meine, ich hab ihm weiter nichts gesagt, als daß er von Januar an nicht mehr lehren sollte. Und mehr habe ich ihm nicht gesagt.» Teddy lehnte sich zurück und schwieg ein Weilchen. «Und all die anderen Professoren zwangen mich gewissermaßen, ihnen solche Dinge zu erzählen. Es war nach dem Interview, als wir das beendet hatten und die Bandaufnahmen machten, und es war schon recht spät, und sie saßen noch ewig herum und rauchten Zigaretten und wurden ganz albern.»

«Aber Walton oder Larsen zum Beispiel hast du nicht gesagt, wann oder wo oder wie der Tod sie ereilen würde?» fragte Nicholson beharrlich.

«*Nein*. Das habe ich nicht getan», sagte Teddy mit fester Stimme. «Ich hätte ihnen *überhaupt nicht* solch Zeugs erzählt, aber sie kamen ja dauernd wieder darauf zurück. Professor Walton hat gewissermaßen damit angefangen. Er sagte, er wüßte gar zu gern, wann er sterben müßte, weil er dann bestimmen könnte, welche Arbeiten er noch machen würde und welche nicht, und wie er die ihm verbleibende Zeit am besten ausnützen könnte und all solchen Kram. Und dann sagten die anderen auch alle das gleiche . . . und da hab ich ihnen eben ein bißchen geraten.»

Nicholson sagte kein Wort.

«Aber ich habe ihnen nicht gesagt, wann sie sterben würden. Das ist ein unwahres Gerücht», sagte Teddy. «Ich hätte es ihnen sagen *können*, aber ich wußte ganz genau, daß sie's im tiefsten Herzen ja gar nicht wissen wollten. Ich wußte nämlich, daß sie, auch wenn sie Religion und Philosophie und all so was lehren, im Grunde doch furchtbare Angst vor dem Sterben haben.» Teddy saß – oder vielmehr, er lag – eine Minute schweigend da. «Es ist so kindisch», sagte er dann. «Sterben – das ist doch weiter nichts, als so rasch wie möglich den Körper verlassen. Meine Güte, das hat doch jeder schon viele tausendmal getan! Und daß sie sich nicht daran erinnern, bedeutet doch noch lange nicht, daß sie's nicht getan haben. Es ist wirklich so kindisch!»

«Das mag sein», sagte Nicholson, «das mag sein. Aber die logische Tatsache bleibt bestehen, daß, wie intelligent, es auch . . .»

«Es ist so albern», sagte Teddy wieder. «Ich habe zum Beispiel in etwa fünf Minuten eine Schwimmstunde. Ich gehe zum Schwimmbecken hinunter, und vielleicht ist überhaupt kein Wasser drin. Es ist vielleicht der Tag, an dem das Wasser gewechselt wird. Doch könnte es zum Beispiel geschehen, daß ich bis an den Rand trete, vielleicht nur, um auf den Grund zu schauen, und meine Schwester kommt hinter mir her und stößt mich hinein: dann könnte ich mir den Schädel brechen und würde auf der Stelle sterben.» Teddy blickte Nicholson an. «Das könnte geschehen», sagte er. «Meine Schwester ist erst sechs, und sie hat noch nicht sehr viele Leben als menschliches Wesen verbracht, und sie liebt mich nicht besonders. Es könnte also wohl geschehen. Aber was wäre daran so tragisch? Ich meine, warum sollte ich mich davor fürchten? Ich würde doch nur tun, was ich tun soll, und das ist alles, nicht wahr?»

Nicholson schnaufte leise. «Von deinem Standpunkt aus ist es vielleicht keine Tragödie, aber für deinen Papa und deine Mama wäre es bestimmt ein trauriges Ereignis», sagte er. «Hast du das schon mal bedacht?»

«Ja, natürlich», sagte Teddy. «Aber das kommt bloß daher, weil sie für alles, was geschieht, gleich mit Namen und Gefühlen bei der Hand sind.» Er hatte die Hände ständig unter den Oberschenkeln gehabt; jetzt zog er sie hervor, legte sie auf die Armlehnen und blickte Nicholson an. «Kennen Sie Sven? Den Mann, der den Turnsaal beaufsichtigt?» fragte er. Er wartete, bis ihm Nicholson mit einem Kopfnicken antwortete. «Gut, wenn Sven nun heute nacht träumte, sein Hund wäre ihm gestorben, dann würde er sehr, sehr schlecht schlafen, weil er den Hund nämlich sehr gern hat. Wenn er jedoch am Morgen aufwachte, wäre alles in bester Ordnung. Dann würde er wissen, daß es nur ein Traum gewesen ist.»

Nicholson nickte. «Und um was dreht es sich eigentlich?»

«Es dreht sich darum, daß alles genauso wäre, wenn sein Hund wirklich stürbe. Nur würde er es nicht wissen. Ich meine, er würde erst aufwachen, wenn er selbst stürbe.»

Nicholson blickte kühl drein und hob die rechte Hand, um sich langsam und liebevoll den Nacken zu massieren. Seine linke Hand, die bewegungslos auf der Armlehne lag und zwischen den Fingern eine neue, noch nicht angezündete Zigarette hielt, sah im grellen Sonnenschein merkwürdig weiß und unorganisch aus.

Teddy richtete sich plötzlich auf. «Jetzt muß ich leider wirklich gehen», sagte er. Er setzte sich vorsichtig auf das herausgezogene Fußgestell seines Liegestuhls, blickte Nicholson an und stopfte sein Trikothemd hinein. «Mir bleiben, schätze ich, noch anderthalb Minuten bis zum Beginn meiner Schwimmstunde!» sagte er. «Es ist die ganze Strecke bis zum E-Deck hinunter.»

«Darf ich dich fragen, warum du zu Professor Peet sagtest, er solle nach dem ersten Jahr zu lehren aufhören?» fragte Nicholson ziemlich geradezu. «Ich kenne Bob Peet. Deshalb erkundige ich mich danach.»

Teddy schnallte seinen Krokodilleder-Gürtel fester. «Nur weil seine seelischen Kräfte ziemlich stark sind und er gerade jetzt sehr viel Kram lehren muß, der nicht sehr gut für ihn ist, wenn er sich seelisch weiterentwickeln will. Alles spornt ihn zu sehr an. Höchste Zeit für ihn, alles aus seinem Kopf zu leeren, anstatt immer mehr Kram hineinzustopfen. Er könnte sehr viel vom ‹Apfel› in diesem einen Leben loswerden, wenn er wollte. Er kann sehr gut meditieren.» Teddy stand auf. «Jetzt sollte ich lieber gehen. Ich möchte nicht gern zu spät kommen.»

Nicholson blickte zu ihm auf und ließ nicht ab von ihm, weil er ihn festhalten wollte. «Was würdest du tun, wenn du das Erziehungssystem ändern könntest?» fragte er hinterhältig. «Hast du schon mal darüber nachgedacht?»

«Ich muß wirklich gehen», erwiderte Teddy.

«Antworte mir nur noch auf die eine Frage», sagte Nicholson. «Erziehung ist nämlich meine Marotte – darüber lehre ich. Und deshalb frage ich.»

«Hm . . . es ist mir nicht allzu klar, was ich tun würde», sagte Teddy. «Aber es ist mir sehr klar, daß ich nicht mit den Sachen anfangen würde, mit denen man in der Schule für gewöhnlich anfängt.» Er verschränkte die Arme und dachte kurz nach. «Ich glaube, zuerst würde ich alle Kinder versammeln und ihnen zeigen, wie man meditiert. Ich würde ihnen zu zeigen versuchen, wie sie entdecken können, wer sie *sind* – nicht bloß, wie sie heißen und ähnliches . . . aber davor würde ich sie, glaube ich, dazu veranlassen, alles zu vergessen, was ihre Eltern und jedermann ihnen je erzählt haben. Ich meine, sogar wenn ihre Eltern ihnen erzählt haben, ein Elefant sei groß, dann müßten sie das *auch* vergessen. Ein Elefant ist nur groß, wenn er neben etwas steht – neben einem Hund oder einer Dame zum Beispiel.» Teddy dachte wieder ein Weilchen nach. «Ich würde ihnen nicht mal sagen, daß ein Elefant einen Rüssel hat. Ich könnte ihnen einen Elefanten zeigen, wenn gerade einer in der Nähe wäre, aber dann würde ich sie bloß auf den Elefanten zugehen lassen, ohne daß sie *mehr* über den Elefanten wüßten, als der Elefant über *sie* weiß. Ebenso sollte es beim Gras und bei anderen Dingen gemacht werden. Ich würde ihnen nicht mal sagen, daß Gras grün ist. Farben sind nur Namen. Ich meine, wenn man ihnen sagt, daß Gras grün ist, dann veranlaßt man sie schon, vom Gras zu erwarten, daß es auf eine bestimmte Art aussieht – auf ihre Art, anstatt auf eine andere Art, die vielleicht ebensogut oder vielleicht sogar viel besser ist . . . denk ich mir. Ich würde sie einfach dazu bringen, daß sie auch das letzte Stückchen von dem Apfel ausspucken, in den zu beißen ihre Eltern und jedermann sie veranlaßt haben.»

«Und es besteht keine Gefahr, daß du dir dann eine Generation von lauter kleinen Nichtswissern heranziehst?»

«Warum? Sie wären genausowenig Nichtswisser, wie ein Elefant einer ist. Oder ein Vogel. Oder ein Baum», sagte Teddy. «Nur weil etwas auf eine bestimmte Art *ist*, anstatt sich auf eine bestimmte Art zu verhalten, bedeutet es doch nicht, daß es ein Nichtswisser ist.»

«Nein?»

«Nein!» erwiderte Teddy. «Außerdem könnten sie, wenn sie all das andere Zeug – Namen und Farben und so – lernen wollten und Lust dazu hätten, es auch später lernen, wenn sie älter wären. Doch würde ich sie mit der richtigen Art und Weise, die Dinge zu sehen, gern *beginnen* lassen – und nicht bloß auf die Art, wie all die anderen Apfelesser sie sehen: *das* meine ich.» Er trat auf Nicholson zu und streckte dem Liegenden die Hand hin. «Ich muß jetzt gehen. Wahrhaftig! Ich habe mich gefreut . . .»

«Nur noch eine Sekunde – setz dich eine Minute!» sagte Nicholson. «Hast du schon jemals daran gedacht, Forschungsarbeit zu leisten, wenn du groß bist? Medizinische Forschungen oder etwas Ähnliches? Mir scheint, bei deiner Veranlagung könntest du schließlich . . .»

Teddy antwortete, aber ohne sich zu setzen. «Daran habe ich schon mal gedacht, vor ein paar Jahren», sagte er. «Ich habe mit ziemlich viel Ärzten darüber gesprochen.» Er schüttelte den Kopf. «Das würde mich nicht sehr interessieren. Die Ärzte bleiben zu sehr an der Oberfläche haften. Sie reden immer nur von Zellen und solchem Kram.»

«Oh – mißt du dem Zellenaufbau keine Bedeutung bei?»

«Doch, natürlich. Aber die Ärzte sprechen von Zellen, als ob sie schon ganz an sich solche unbegrenzte Bedeutung hätten. Als ob sie nicht eigentlich zu dem Menschen gehörten, der sie in seinem Körper hat.» Teddy strich sich mit der Hand das Haar aus der Stirn. «Ich habe meinen Körper aufgebaut», sagte er. «Kein anderer hat es für mich getan. Wenn ich ihn also aufgebaut habe, dann muß ich auch gewußt haben, *wie* ich ihn aufbauen kann. Wenigstens unbewußt. Irgendwann in den letzten paar hunderttausend Jahren mag mir vielleicht das *bewußte* Wissen, wie ich ihn aufbauen muß, abhanden gekommen sein, aber das Wissen ist noch *da*, weil ich es ja – offensichtlich – benutzt habe . . . Es wäre eine gehörige Menge Meditation und Leermachen nötig, um alles wieder zurückzugewinnen – ich meine, das bewußte Wissen –, aber man könnte es tun, wenn man wollte. Man müßte sich nur weit genug öffnen.» Plötzlich beugte er sich vor und hob Nicholsons rechte Hand von der Armlehne. Er drückte sie nur einmal und herzlich und sagte: «Auf Wiedersehen! Ich muß jetzt gehen.» Und diesmal war es Nicholson nicht möglich, ihn zurückzuhalten, so schnell begann er sich zwischen den Stuhlreihen hindurchzuwinden.

Nicholson saß noch ein paar Minuten, nachdem er gegangen war, bewegungslos da. Die nicht angezündete Zigarette hielt er noch immer in den Fingern der linken Hand. Schließlich hob er seine rechte Hand und tat so, als wolle er fühlen, ob sein Kragen noch offen sei. Dann zündete er die Zigarette an und saß wieder ganz still da.

Er rauchte die Zigarette völlig zu Ende, dann schwenkte er den einen Fuß über die Fußstütze, trat auf den Zigarettenstummel, erhob sich und bahnte sich ziemlich rasch einen Weg durch die Liegestühle.

Er benutzte die Vorschiffstreppe und stieg einigermaßen rasch zum Promenaden-Deck hinunter. Ohne sich dort aufzuhalten, stieg er immer noch recht schnell zum Haupt-Deck hinunter. Dann zum A-Deck. Dann zum B-Deck. Dann zum C-Deck. Dann zum D-Deck.

Auf dem D-Deck endete die Treppe, und Nicholson stand einen Augenblick da und war offenbar in Verlegenheit, welche Richtung er einschlagen sollte. Jedoch entdeckte er jemand, der aussah, als könne er ihm Bescheid geben. Etwa in der Mitte des Ganges saß eine Stewardess auf einem Stuhl vor einer Kajüte, las eine Zeitschrift und rauchte eine Zigarette. Nicholson ging zu ihr, fragte sie kurz um Rat, dankte ihr und legte ein paar Schritte bugwärts zurück. Er öffnete eine schwere Eisentür, auf der zu lesen stand ZUM SCHWIMMBASSIN. Dahinter begann eine enge Treppe, die nicht mit einem Teppich belegt war.

Diese Treppe war er ein wenig mehr als zur Hälfte hinuntergestiegen, als er einen durchdringenden, langanhaltenden Schrei hörte, der ganz eindeutig von einem kleinen Mädchen herrührte. Er schallte sehr stark, als ob er innerhalb von vier gekachelten Wänden widerhallte.